授業＝子どもを拓き、つなぐもの

箱石泰和 編

一莖書房

授業＝子どもを拓き、つなぐもの ◉ 目次

子どもを育てるということ
——一学期の仕事

菊次哲也

先生は少し神様?!

新しい学校に赴任して六年生を担任することになった。初めて出会った六年生の子どもたちの第一印象は、明るく素直であるが、反面しまりがないという感じだった。

この学年は昨年度も三クラスだったが、一クラスがやや落ち着きがなく荒れかかっていたということだ。あらたに編成し直したクラスの、その一つを私が持つことになったのだった。女の子の中には「五年のときはうるさくて授業にならないし、ストレスがたまって学校に行きたくなかった。学校に行けなくなって休んだこともある」と書いていた子もいた。やけに明るいが落ち着きのない男子が数人いて、その子たちと五年生のとき同じクラスだったらしい。彼らは彼らで「前の先生、えこひいきしたもんな」と教師不信をあらわにしていた。

四月の半ばを過ぎたころ、そのなかの一人だったK君がこう書いていた。

「ぼくは、六年三組になって、先生はどうせ、ふつうの先生だと思ったけど、先生はとてもたのもしい人だったので六年三組になってせいかいとおもいました」

「どうせ、ふつうの先生」という言葉には、この子のあきらめや、新しい担任に対する期待感のなさが表現されている。そんな子がいる一方で、「うるさいから学校に行きたくない」と休んでしまう几帳面で多感な女の子がいたのである。

一人ひとりのよさを認め合い、楽しいながらも「もたれあう」のではなく、否定するところは否定し学びあう。そんな気持ちのよいクラスの人間関係をどう育てるかということを意識して一学期の仕事に取り組んだ。一学期の終わり頃になると、先ほどのK君はこう書いてくれていた。

「ぼくは先生がきてくれたせいか、ぼくもとうりつ（倒立）とか、そくてん（側転）ができるようになったし、みんなもそくてんやとうりつがじょうずになったので、ぼくはすこし先生が神様だと少し思いました。しゃがんでそくてんするやりかたを先生に教わりながらやったら、先生のおかげでできるようになりました。あと、ぼくは、社会で先生がはっぴょうの会をひろげてくれたおかげで、ぼくは自分で思うほど考える力がついたようなきがします。だからぼくは先生が少し神様だなと思ったのです」

「少し神様だな」というK君の感想には思わず笑ってしまう。子どもは何とかわいいのだろう。「どうせふつうの先生だ」と、先生への期待感のなかったあのK君である。

四月の仕事――子どもどうしの関係をここちよいものに

クラスって何だろう

高学年の新しいクラスの子どもたちと初めて出会う始業式の日、私が必ず子どもたちに話し、一緒に考えてもらうことがある。「クラス」とは何だろうということだ。まず子どもたちに「クラスって何だろう?」という質問をぶつけてみる。

「先生、教室だよ!」

そんなこと当たり前だという顔をして、すぐに元気な答えが返ってくる。

「この教室がクラス? なるほど。でもよく休み時間に六年三組のクラスが外で遊んでいると言ったりするよね」

「そうかあ……」

「だから友達のことかな」

「六年三組は仲のよいクラスだという言い方もするよ」

「友達とのつながりのこと?!」

「つながり。そうだね。つながり、関係って言っていいかもしれない。クラスって手でさわれる?　あるいは目で見える物?」

こう話していくと、子どもたちは「そんなこと考えたことないなあ」ときょとんとした顔をする。

　クラスというのは物ではない。手でさわって確かめられるような実体ではない。「物事」という言葉で言えば「物」ではなく「事」である。事象であるが、関係と言いかえてもよい。どのような関係かと言うと、教師と子どもの関係を縦糸とし、子どもと子どもの関係を横糸として編み上げる織物のような関係である。教師と子どものつながりという縦糸だけでも、子どもと子どものつながりの横糸だけでも、織物を編み上げることはできない。

　学級崩壊というのは、クラスの関係という織物が編み込まれることなくばらばらの状態になってしまった状態のことだ。縦糸だけをいくら強くしてもクラスという織物はできあがらない。しかし一旦クラスという織物ができあがってくると、一本の糸が弱くとも織物は切れることはない。そして一本一本の糸を強く育てていくことで素敵な織物はできあがる。

クラスを「物」や「実体」としてではなく常に「関係」としてとらえ、関係を育てていくという視点は教師に欠かせないことではないか。「いじめ」の問題でも視点によって問題は違って見えてくる。「いじめ」があったとき、そこには「いじめた子」と「いじめられた子」がいるわけである。しかし、この両当事者間の問題としてみるだけではいじめは解決しない。むしろクラスの集団としての不健康な関係のひずみが、「いじめ」という現象としてあらわれていると、とらえた方がよい。実際、「いじめられた子」が転校したとしても第二の「いじめられる子」が集団のなかでつくりあげられていくことが多い。クラスの不健康な関係全体を直していかなくてはならないのだ。そして、かえりみて思うべきは、その不健康な関係を作り出している共犯者が他ならぬ学級担任である場合も、少なからずあるということだ。

最後に、子どもたちにはこう話した。

「だから、六年三組の教室というのはあるけれど、クラスというのはまだできあがってない。今日からみんなで織りあげていくんだよ。友達どうしのつながりの糸と、先生とみんなの信頼の糸をたて糸と横糸にして織り上げていく。みんなで六年三組という素敵なクラスの織物を織り上げよう。一年間をかけてね。今日はその第一日目です」

言葉づかいについて

子どもの関係づくりでまず意識するのは子どもたちの言葉づかいである。言葉づかいの指導というのは、クラスを担任した四月の最初に指導しなければ、それ以後は入っていかない。五月の連休明けぐらいに問題が出てきて学級会を開いて話し合う、というのではもう遅いのである。

六年生の子どもたちには、これまで当たり前だった「呼びつけ」をやめるように話した。クラス担任の私が子どもたちみんなを呼びつけにしないことを宣言しておいてから、子どもたちにも要求する。そして男女はもちろん、おたがい気持ちよく呼び合える名前や愛称を決める。朝の健康観察でも全員その愛称で呼び、子どもたちどうしリレー式で健康観察をしたり、男女交互にリレーでやってみたり、時には全員立ってもらって友だちに呼ばれたら次に呼んで座るということをゲーム的に行ったりする。

そんなある日のこと、私はわざと急いだふりをしてあわてて教室に入った。

「今日はちょっと急いでるからね。呼びつけで健康観察するよ」

わざと気合いを入れ、きつい呼びつけで健康観察をする。健康観察が終わった後、子どもたちはみんないやあな顔をしていた。

「呼びつけでごめん。今日は急いでるから。でも先生からこう呼びつけで呼ばれたらどう?」

と聞くと、子どもたちはいっせいに「いやだあ!」と答えた。呼びつけを不快とする感覚が子どもたちのなかに育ったということだ。いいか悪いかという理屈を教えるのではなく、こうしたほうがここちよいのだという感覚を育てていくことが大切だと思うのである。

呼びつけだけでなく「ムカツク」という言葉についても、クラスでは使わないことを要求した。ムカツクという言葉は、自分にとって快か不快かという自分中心の言葉である。自分が相手やまわりにどういう行為をしたかは関係ない。赤ちゃんが快感原則に生きているように、他者を意識しない自己中心的な言語でしかないのだ。だから自分が間違ったことをして叱られた場合でも「ムカツク」という言葉は使うことができる。自分の気分を害するものはすべてムカツクとなる。私は子どもたちにこう説明をして、次のように呼びかけた。

「みんなは犬のことをワンワンって言うかい？　ネコのことをニャンニャンとは言わないよね。そんな赤ちゃん言葉は使わないだろう。ムカツクという言葉も赤ちゃん言葉なんじゃない。赤ちゃん言葉は卒業しよう」

子どもたちは次のように感想を書いていた。


「ぼくは、クラスという言葉を今までたくさんつかっていたけれども、クラスという言葉をよく考えたことがなかった。先生の話を聞き、クラスは、人と人とのつながりということがわかり、なるほどなと思った」

「私は先生の話を聞いてみて、クラスとは人と人とのつながりで、まだ六の三は布のようにあわさってないんだなと思いました。みんながつながるためには、なるべくよびつけや注意、ムカつくを言わないようにして、声をかけ合ったりするのがいいんだということがよくわかりました」

叱るのは先生だけでいい

子どもたちのちょっとしたもめ事はしょっちゅうだ。例えば掃除のトラブル。女の子が「先生、○○君が掃除をさぼった」と訴えてくる。女の子の言いつけに先生が乗って男の子を注意するということを繰り返すと、絶対と言っていいほどクラスの男女関係は悪くなる。

「ふん。すぐ言いつけるから女は嫌いだ！」

「先生は女の言うことばかり聞いて、えこひいきをする」

となる。女子は男子の天敵となり、先生は女子をひいきする味方とみられてしまう。

こういうとき、どうすればよいだろうか。

私はこうした問題を、なるべくクラス全体の関係の問題へとつなげていくようにしている。

男子を呼んで掃除をさぼったかどうかを確かめるが、すぐに男子を叱ったりはしない。逆に女の子の方に「○○さんはどんなふうに注意したのかな？」とたずねる。すると必ずと言っていいほど女の子はきょとんとする。「どうしてそんなことを先生は聞くのか」と思うのだろう。「正義の自分に向かって先生は何を言うの？」という顔つきだ。そして「きつく言わなかったかな？」と言うと、「そう、そう。こいつきついんだよなあ」とそれまでだまっていた男子が口を開き始める。男子の言い分も聞きながら男子にこう切り返す。

「じゃあ○○君は、○○さんがきつくじゃなくおだやかに〝掃除をやろうよ〟と声をかけてくれたんだったら、掃除をやれたのかな？」

こう言うと男の子は、「それは、そうだよ。ちゃんとやるよ」と答えるものだ。

「じゃあ、掃除をさぼったのは○○君だけの問題じゃあないね。○○さんもちょっと言い方がきつかったかもしれない。別に○○さんが間違っているとは言わないよ。でも人間だれでもきつく言われると、相手が威張ってると感じてむっとくるもんだからね。だから○○さんももうちょっとおだやかに、やさしく声をかけてあげれば○○君も掃除をやれたかもしれない」

とまとめていく。どちらが悪いかという犯人さがしではなく、ちょっと関係がうまくいかなかったという調整をしていく。

そしてこの問題を、帰りの会や道徳の時間に意図的に取り上げる。

「クラスで大声で注意したり、叱ったりするのは先生だけ。みんなは友だちなんだから注意なんかしなくてもいい。でもやさしく声をかけてあげてほしい。掃除をついさぼってふざけている子がいたときに〝掃除やんなさいよー〟ときつく注意しなくていい。〝掃除やろうよと〟声をかけてあげればいい。そのかわり、友だちに声をかけられたら、一回か二回で気持ちよく直そう。声をかけた方も気持ちがいいし、直す方も気持ちがいいもの。もし何回やさしく声をかけても駄目な場合は先生に相談にきなさい。言いつけにくるんじゃないよ」

「掃除をさぼった、さぼらない」という問題それ自体は、たいした問題ではない。それよりも友だちがやさしく声をかけているのにそれを受けとめられない、あるいは友だちにおだやかに声をかけてあげられない、ということが大きな問題だと思う。こうした身近なもめ事を「掃除の問題」として扱うか、「子どもたちの関係の問題」として扱うかではずいぶん違ってくるのである。

朝の会や帰りの会はずいぶん変わる。

「○○君が掃除をさぼった」

というようなつげ口の口調だったものが、

「○○君が掃除中さぼったけど、私が〝掃除をしようよ〟と言ったら二回目で直してやってくれました（拍手）」

というように変わっていく。掃除をさぼってほめられるのだから面白い。そこで私はこう言葉をそえる。

「○○さん、あなたが声をかけたら○○君が、ちゃんと聞いてくれて直したでしょ。そのとき、どんな気持ちがした」

「いい気持ちがした」

「そうだよねえ。○○君、君がちゃんと○○さんの言ったことを受けとめてくれたから○○ちゃんはとってもいい気持ちになったんだって。○○君はえらいなあ！」

「ごめんね」と「だいじょうぶ」

最近は大勢で遊ぶということが苦手な子がいる。小学生の時期に群れて遊ぶということはとても大切なことだ。まず給食の準備や片づけをてきぱきとやり、掃除を早く終えて、休み時間にみんなでめいっぱい遊ぶ時間を確保する。最初は教師が全面的に手伝って何事も早く終えてしまう。遊びの時間に掃除がくいこむようなものなら大声で叱る。「休み時間は遊ぶ時間なの。掃除をやったりしない。ちゃんと遊ぶんだよ」と叱るのだから、子どもは悪い気はしない。おかしい。そしてだんだんと教師が手を引いていく。てきぱきと準備をして掃除を気持ちよく終え、めいっぱい遊べる心地よさを実感させる。ここでも掃除について学級会を開いたり反省会をしたりするよりも、掃除をてきぱきやって早く終わらせて、休み時間をめいっぱい遊ぶと楽しいと実感させることが大切だ。

子どもたちに必ず紹介する集団遊びがある。「水らい」と「Sけん」だ。「水らい」という遊びはどの子も好きだし、どの子も参加できる。二グループに分かれてハチマキを目印にそれぞれが「王様」「大臣」「手」「首」とわかれる。王様がタッチされてつかまったら負けである。「王様」と「大臣」は「手」をつかまえることができ、「手」は「首」をつかまえることができ、「首」は「王様」と「大臣」をつかまえることができる。ゲームは高学年ならおとりでおびきよせたりして頭脳プレーもできる。つかまえた相手は捕虜となり、敵の陣地に手をつないでタッチを求めて並ぶ。手をつなぐかわりに服をぬいで伸ばしてもかまわない。やんちゃな男子の中には裸になって服と服を結ぶ子も出てくるから楽しい。つかまえたときは味方の陣地まで手をつないで連れて行かなくてはならない。これが男女だと恥ずかしがって服をつまんだりするが、これはきちんと手をつなぐことをルールにしておく。そうするとゲームを通して男女が手をつなぐことが自然の感覚になっていく。

「Sけん」はS字を校庭に描いて二つの陣地をつくる。端に宝物があり、それを踏んだ方が勝ちとなる。安全地帯以外は陣地の外ではケンケン、敵の陣地のなかでは相撲のとっくみあいとなるかなり激しい遊びである。クラスの関係がある程度できていないとすぐに大喧嘩になってしまう。陣地内で相撲のとっくみあいになったり、押し倒したりして、宝物を踏むとき、相手に痛い思いをさせることがある。そのときに大切なことは、倒して痛そうにしている相手に自分は悪くはないが「ごめんね、だいじょうぶ?」と声をかけられるかどうかだ。また声をかけられた方も、どんなに痛くて泣いていようと「うん。だいじょうぶだよ」と言葉を返せるかどうかだ。こうしたやりとりがクラスでできるようになれば、たいていのトラブルは自分たちで解決していけるようになる。

五月の仕事——授業を通して子どもの関係を育てる

四月の仕事は、子どもの関係づくりと基礎学力の診断というところに重点をおいた。初めに書いたK君の「先生は、どうせ、ふつうの先生だと思ったけど、先生はとてもたのもしい人だったので六年三組になってせいかいとおもいました」という感想が出るまでの仕事である。K君にとっては、これまで述べてきたような取り組みのなかで、担任の先生が「たのもしく」「せいかい」と映ったのだろう。

五月になると、四月のような「関係づくり」の仕事だけを続けていてもクラスは停滞してしまう。それなりに穏やかで「楽しい」クラスは続くだろうが、それだけでは新しいものは生まれこない。

授業を通して子どもたちの関係を高めていかなくてはならない。ここでは仲のよい子どもたちの関係を育てるというだけでなく、時には居心地のよい関係を壊すということも必要となる。今までの関係にはない子どもたちのよさを引き出し、今の子どもたちの関係を否定するという〝事件〟をクラスに起こす必要がある。

〝事件〟を通してクラスの関係を編み変えていく。一つの事件が起きてもやがてその新しい波紋は日常の関係となる。その関係を壊してまた違う子どもの良さや子どもたちの力を育てる、ということを繰り返して子どもたちの関係を高めていかなければならない。こういう仕事は「授業」を通してしかつくりだすことはできない。

子どもたちの実態をふまえて教材をどう解釈し、どう授業を組み立てていくのか。まだ学年が始まったばかりで積み上げがあるわけではない。それだけに、授業ではねらいをはっきりともち、具体的な手だてを考えなければならない。

バスケットボール――負けても悔いはない！

バスケットボールでは、高学年ということで「スコア」に取り組むことにした。試合を楽しみながら練習を入れていく。パス、カット、リバウンド、シュートの個人スコアとチームスコアを出し分析して、チームの弱点をつかみ練習をしていく。スコアは、初めは私が大声で〝実況中継〟するのを聞き取ってつけてもらった。

この学校ではミニバスケットがさかんであり、習っている子も多い。しかしそういう子はたいていドリブル中心のワンマンプレーに流れがちで、「自分はうまい」と天狗になっている。「落ち着きのない男子数人」と前に書いたが、その上位二名がそうだった。案の定、最初の試合はその子たちが中心となり、ワンマンプレーの連続で、その子たちのチームが当然のごとく勝った。T君のチームは一〇対〇の圧勝となった。

「先生、チーム替えしようよ」

「え、俺はこのチームがいいよ」

「ずるいよ」

「練習すれば勝てるよ」

「勝てるわけないじゃん。このメンバーだよ」

子どもからはチームを替えてほしいと声があがる。その一方で勝ったチームはそのままがいいと言う。

ここでスコアを使う。各チームの勝因と敗因を分析するのである。チームが勝った理由は何か。負けた理由は何か。五、六年生なら十分分析することができる。K君のチームで言うと圧倒的にシュート数が多い。リバウンドもカットも多い。しかしパスは少ない。ワンマンプレイからのドリブルシュートが多いからだ。負けたチームはパスは多いがカットが少なく、特にリバウンドが少ない。もう初めから負けるという弱気なのだ。

作戦会議を開くことにした。負けたチームに私が入って作戦をねって次回の試合を迎えることにした。先生が負けたチームの作戦に入ることを、勝ったチームは余裕で認めた。というよりも、どうせ負けっこないという奢りなのだ。

次のような作戦を立てていった。ワンマンプレーが中心のチームへの作戦は立てやすい。ワンマンの子を中心にボールが回っているので、その子を徹底的にマークしてカットをねらう。そしてシュートを打たせないように、攻撃されるときには複数でマークする。そしてリバウンドをねらう。

この作戦で前回負けた二チームが今度はそろって勝った。この結果にはどの子も信じられないという顔をして歓声をあげて喜んでいた。子どもたちからチーム替えの声はピタッと出なくなった。スコアをとり作戦をねって自分たちのチームの弱点を直し、相手チームの弱点をつけば勝てるとわかったからだ。

子どもは次のように書いている。

「バスケットをやって一回目に試合をやったときに、相手チームにT君がいたから負けるかと思ったら、本当に負けてしまったのでショックでした。二回目にやったときは先生とかが作戦をいっしょに考えてくれて、T君を二人でマークするだけで勝てたのでうれしかったです。今まではただバスケをやって終わりだったけど、作戦をたてて勝てると今までにないおもしろさがあっていいと思いました」

「スコアをすると自分のチームには何が欠点なのかがよくわかりました。ぼくたちのチームはBチームとたたかったとき一回目はかちました。またBチームとたたかったときには負けました。たぶんてきのチームは負けないために欠点を直したんだと思います。勉強も体育もずいぶん変わりました」

バスケットは指導計画では九時間扱いだったが、少し伸ばして最後には大会を開いた。ペットボトルの優勝カップもつくって用意してのぞんだ。どのチームも接戦につぐ接戦となった。惜しくも負けたチームの男子たちの「負けても悔いはない」という言葉には嬉しくなってしまった。

六月は授業で勝負

国語——深く読むということ

「森へ」（光村図書）は十四ページの長文である。写真も多いがかなり読み応えのある教材である。しかし時間は指導計画ではたったの三時間扱いである。三時間で読み深めるということは無理である。そこで、次の単元を短めにして五時間をふりかえ、ここに時間をかけることにした。しかし本格的な教材としては初めてであるから、あまり無理はできない。

まずやったことは音読の指導。最初の一ページだけを使って呼吸を深くし、「強調」や「間」ということをしっかりと扱った。読みがずいぶん変わった。一人ひとりの読みのテストや指導を休み時間や給食の準備の時間を使って行った。音楽の歌のテストなどでは声が出ない子がいるが、音読のテストではそういうことはない。まず声をしっかりと出し、友達に聞いてもらい、表現するということの楽しさを音読で経験させた。

音読の次は、読解したことを絵を描くことで確かめることにした。今の子はこういうことが大好きである。教材もこうした方法にむいているところがある。ゲームの探検のようで面白い絵になった。

この教材でどうしても突破したいと願ったところが一つある。それは〈クマのふんからのびる白いキノコ〉に作者が顔を近づける場面である。この場面を一読したとき、一斉に子どもたちから「きたねー」「くさいよー」という声があがった。その次の文章の〈いつか北極圏《けん》のツンドラで見た、古い動物の骨の周りにさく花々を思い出しました。厳しい自然では、わずかな栄養分もむだにならないのです。〉という作者の感動と、子どもたちの読みとりはあまりにもほど遠いところにある。今は「くさいよー」でもいいが、授業を進めて山場を終えるころにはここが理解できればよいとして取り組むことにした。

読み深めるところは一つだけに絞っておいた。最後の方の〈目の前の倒木は、たくさんの大木の根にからまれ、今なお栄養を与え続けているようです。が、いつかはすっかり消えてゆくのです。ぼくはこけむした倒木にすわり、そっと幹をなでてみました。〉という箇所である。

ここを読み深めた後にクマのふんのところにもどって、先ほどの〈クマのふんからのびる白いキノコ〉に、作者が顔を近づけたときの気持ちをたずねてみようと授業を考えてみた。読み深めるところでは、予想以上に子どもたちの意見がふくらんでいった。「倒木は死んでしまったなあ」と思っているS君（落ち着きなしNO1）の意見をきっかけにして、「倒木は倒れているけれど死んではいないんじゃないか」と対立する意見が出てきた。「命がつながっているんだな」というような考えも出てきた。友達と読みを交流してみんなで読み合っていくと、一人で読むのとは違って深く読めるということを実感できた授業になった。

子どもの感想をいくつか載せておく。

「ほかの人の意見を聞いて思ったのは、不思議な木は生きているんだなあと思う意見ともう死んでいるんだなあと思う意見が聞けました。本当は生きていると私は思います。だから種子たちのお母さんがわりになったのかもしれないと思います」

「倒木の姿は消えてしまったが、一つの倒木の命は森の中で生きつがれているんだなと思った。最初にでたクマのふんにきのこが生えたのと同じようなことなんだなと思いました」

「私の意見は、この幹もいつかはなくなってしまうんだなあと思ったけど、ほかの人はもっとちがう意見でした。私とちがう意見を聞いて、私も、この幹はたおれてからでも栄養をあたえつくすなんてえらいなあと思い始めました。やっぱり人の話を聞くのが大事なんだあと思いました」

「今日の授業をやって、みんなの意見を聞いてみると、だいたいぼくみたいな意見だろうと思っていたけれど、ぼくとはちがうさまざまな意見があってなるほどと思いました。ぼくはさいしょに、この物語を読み始めた時、変とか、きたないとか思っていたけれど、この物語を最後まで読んで、そしてみんなの意見を聞いてみて、とうていそうは思えなくなりました。今日はとても楽しかったです」

「私はくまのふんに顔を近づけるなどありえないと思いました。だけど、何回も勉強していくうちに、ふんに顔を近づけることもへんではないと思うようになりました。なぜなら深く考えるうちにそのくらい不思議なことがだんだんわかってきたからです。今まではこんなに深く考えて読んでこなかったから、国語はきらいだったけど、だんだん読んで思いうかべることで楽しくなり、そして好きになりました」

理科――「ものの燃え方と空気」で議論の楽しさと追求体験を

この教材は私自身何回も扱っている。子どもたちが追求体験をするにはもってこいの教材である。この教材で子どもたちを育てたいという強い願いがあるので、時間数を少し増やして取り組むことにした。

何をおいてもまず、子どもたちに理科を好きになってもらいたい。そして自分の意見を出すとともに、自分とは違う友達の意見を認め、違いは違いとして認めながら議論が楽しめるような子どもたちになってほしい。常識がくつがえり、物の見方が変わるような、一つわかってもまた次の疑問が出てくるというような追求体験をさせたい。この教材は私自身何度か授業を経験しているから、子どもたちの意見を十分にひき出しながら授業を進めていくこともできそうだ。その際、とくに教師の「問い返し」「吟味」「ゆさぶり」などを意識して子どもを鍛えたい。

授業は、教科書の導入とは変えて「ろうそくが燃えている」という当たり前の事実を考えるところから始めた。ろうそくに火をつけながら子どもたちにたずねた。

「今、ろうそくが燃えている。これは当たり前だね。しかしよく考えてみよう。ろうそくの何が燃えているんだろう?」

子どもはこの質問に「先生は何を言ってるの?」と、初めきょとんとするものだ。すかさずたたみかかける。

「ろうそくって〝ろう〟と〝しん〟でできているね。さて、何が燃えているんだろう。ろう、それともしん?」

バラしたろうとしんを目の前にしながらの二者択一の問いだから、子どもは考えやすい。しかし子どもはどう答えるだろう。教師や大人は、子どもたちはろうが燃えると答えると予想するだろう。しかし、まずそうはならないのである。子どもたちのほとんどがしんが燃えていると答えてくる。

「だって先生、ろうが燃えるんだったら、ろうそくに火をつけるときに、ぼわーっと全部燃えるはずじゃない」

もうずいぶん前のことだ。初めてこの単元に取り組んだとき、こう答える子どもたちを前に私は絶句した。しかしちょっと立ち止まって考えると、子どもたちの考えは確かに正論なのである。今では子どもの考えを予想できるから、私は次のように受け答えることができる。

「なるほど！　もしろうが燃えるんなら、誕生日のろうそくに火をつけたらろうそくが燃えあがっちゃうはずだね。だからろうではない。……じゃあ何が燃えてるの？」

「しんが燃えてる」

子どもたちは当たり前という顔をして答えてくれる。さらにここで突っ込んでみる。

「じゃあ、ろうはの役目は何なの？」

「しんがいっぺんに燃えるのをじゃましてるんだよ」

こうした子どもたちの意見は子どもの本音そのものである。教師が授業の流れを初めから決めて正答を求める授業では、こうした本音は出てくることはない。正答を求める教師の顔色をうかがってしまうからだ。子どものこういう本音は、ろうが燃えるということを形式的に頭で知っている大人の固い頭からは出てこない。よく考えてみれば子どもたちの言うことは実に論理的でさえある。ろうは固体そのままでは燃えることはない。ろうは気体になって初めて空気中の酸素と激しい化学反応を起こして燃焼する。子どもが言うように、ろうが固体で燃えるのなら誕生ケーキでは炎が燃え上がることになるではないか！

だから子どもたちの推論では燃えるのはしんであり、ろうはしんが一気に燃え上がるのをじゃましているというのである。一見とんでもない考えのようだが、よく考えれば考えるほど子どものこうした考えは理屈にあっている。

子どもの意見をひき出しながら授業を進める、というのはこういうことだ。子どもたちは自信満々にしんが燃え上がるはずだと予想する。しかし実験してしんに火をつけても、しんは小さな炎は出すが燃え上がることなく黒く焦げて終わる。

ここから子どもたちの目の色が変わり始める。「ろうそくは何が燃えているのか」という問題が子どもたちの課題になる瞬間である。ろうもしんも燃えない事実にびっくりした子どもたちが本気で考え始めるのだ。子どもたちが教材と深く出合う瞬間である。

やがて、スプーンに置いたろうをアルコールランプで熱していくと炎が上がることを発見した子どもたちは、ろうは固体のままでは燃えないが、とけて液体になりさらに気体になったときに燃えることを自力で発見する。そしてろうそくが燃えるしくみとアルコールランプの燃えるしくみが同じであることにも気付く。こうしてろうそくが燃えるということの不思議は謎がとけて、一件落着となったかのようにみえる。

ここで私はもう一つゆさぶりをかけてみる。紙に火をつけて炎が上がるのを見せながら、子どもたちに問いかける。

「今、これは何が燃えている？」

「紙が燃えてる！」

「うん、紙が燃えてる。でも、ここからじっくり考えてみよう。紙が燃えるってどういうことなんだろう？」

ここまでろうそくの燃えるしくみについて考えぬいてきた子どもたちである。

「紙は……紙が燃えてるんじゃない？」

「紙だよね」

「紙そのものが燃えてるの？」

「そうかあ。ろうそくのときみたいに、ろうが燃える気体になって燃えたように紙も燃える気体になって燃えるのかな」

「紙は気体にならないでしょ！」

「ろうは気体になって燃えたじゃない」

と議論が始まった。

子どもたちの意見がどんどん出てくるようになると、私は子どもたちの意見を単純化して整理する。この場合なら「紙は紙そのものが燃える」という意見と「紙もろうそくと同じように燃える気体になって燃える」という意見の二つである。やがて論議を進めていくなかで、紙のなかにろうのようなものがあって、それが燃える気体になるという意見が出てくることになる。しかし他方で、紙は紙そのものが燃えているという生活実感も大きい。ここでアルミホイルにつつんだ紙を熱して、アルミホイルの穴から出てくる気体に火をつけるという乾留実験を行う。

理科の学習というのは個別の現象を追いかけるだけでなく、本質的な法則をつかむことである。ろうそくが燃えるという現象、アルコールランプが燃えるという現象、そして紙が燃える現象は、違っているようでも本質的には同じことだと子どもたちは仮説や推論を駆使し、実験を通して納得する。

常識を疑い、皮をむくようにして真実を確かめる。そしてわかったと思ったことをまた疑い、皮をむいていく。これこそが個別の知識の獲得を超えた追求体験であり科学体験ではないだろうか。

子どもたちは次のように感想を書いている。

「五年生とちがってもちろん勉強はむずかしいけど、でも六年生の勉強のしかたは、五年生とちがってバスケットはスコアをつけたりしてちょっといままでとはちがってむずかしい。理科の勉強では意見を二つにわけてけんかをして、どんどんいっしょの意見にしていくやつをやったりして、おもしろい勉強のしかたで、私は『こんな勉強のしかたは初めてだ！』と思いました」

「私は六年三組で一番楽しかったことは理科の授業で言い合ったことです。先生にすぐに答えを教えてもらわないでろうそくの燃え方についてじっくりと考えたのは、今までやったことがなかったので、とても楽しかったです。ろうそくが燃えるというのはふだんふ通につかっている言葉だけど、そのことについてよく考えてみるとどんどん意見が出てきました。ろうそくはろうの気体が燃えるんだなあとよくわかりました。またこういうことをする機会があれば、ぜひやりたいと思います」

子どもたちは理科が大好きになった。そして意見の対立のある話し合いも楽しめるようになってきた。仮説をたてて推論して実験の予想をする楽しさもわかってきた。女子に比べて男子はまだまだ予想が当たったかはずれたかで一喜一憂していて、「次は絶対に当てるぞ！」というような感じである。しかし合っていたか間違っていたかは関係なく、深く考えることの楽しさを味わえた。バスケットで言うなら「負けて悔いはない」という世界ということになる。

こうして六月の学習が終わったころに「先生は、少し神様だな」というK君の二度目の感想が出てきたのだった。「ふつうの先生」から「たのもしい先生」そして「少し神様」へと変わってきた。しかし先生が神様になってもしょうがない。神様は子どもたち自身の可能性だからである。教師はあくまでもそれをひき出すのだ。

初めに、クラスは教師と子どもの関係という縦糸と、子どもと子どもという横糸から編み上げる織物のようなものだと書いた。まだまだクラスはやっと教師と子どもの縦糸をはることができて、子どもどうしの横糸も少しはれてきたというところだ。一学期当初はどうしても教師が前面に出てきてしまう。

しかし本当は教師ではなく、子どもが間違いを恐れず本音を言い合い、自信を持ち、子どもたちどうしで学び合える関係を育てることが大切だ。そこではもう、教師はあまり前面に出てこないだろう。そうなるための地道な努力、教材研究や授業展開の工夫こそが教師の仕事なのだ。それはもう子どもの関係づくりといった次元の問題ではない。ここから先は、授業というすぐれて創造的な営みにかかわる問題なのである。

学級の〝耕し〟から授業へ

中野やす子

一　荒れた二年生を受け持って

苦い思い出

転勤であたらしく赴任することになった学校で、私はまた二年生を受け持つことになった。校長室で「ちょっと大変な学級だが……」と言われたとき、ふと私の脳裏に前任校での苦い思い出がよみがえった。

それは二年前のことで、同じように二年生を担任したときのことである。

その学級は、「学校全体で指導すべき児童」のリストに十二人もの子どもの名前があがっているような学級だった。原因は主として一年のときの担任の指導にあったのだが、幼稚園や保育園で問題になっていた子も多く、小学校の第一歩がきちんと踏み出せないままで二年生になってしまったような感じだった。けんかが絶えず、勉強が気に入らないとすぐに集団で教室を飛び出すなどやりたい放題で、ひどく無秩序な状態なのである。それでも、私が担任をまかされてから手を変え品を変えていろいろな事に取り組んだ結果、子どもたちの様子は少しずつ変わってきたようにみえた。そのことは授業参観に来た母親たちや、ふだん接している周りの先生たちの言葉からもうかがわれた。

しかし、校長だけはその事実を認めてくれなかった。「大きな変化がない。目がギスギスしている子がいる」などと言われ、二学期になると補助の教師が私の学級に入ることになった。校長としては「配慮」だったのかもしれないが、私は悔しかった。かなしくて、腹が立って、何よりも情けなかった。

毎日見ている担任や親がわかる程度の小さな変化ではなく、誰が見てもわかるような変化を事実として短期間で示せなくてはだめなんだ、と自分に言い聞かせる毎日だった。自分のやり方は間違っていなかったと、今でも思う。しかし、よりきめ細かな指導力や、学級を強く組織していく力量が私に足りなかったことがとても悔やまれた。

それが二年前、前任校で私が身に染みて感じたことだった。そのときの経験から私は、「大変な学級を持つときには、目に見える形で、短期間で子どもたちを変えていかなければ認められないのだ」ということを自分の胸にしっかりと刻みつけていた。

新しい学級での子どもたちの様子

ところで、今度の学級の場合は、前任校でのやりたい放題の無秩序さとはまた違った荒れ方だった。

「先生、A君が教室でボールを投げるので、他の子が怖がってるよ」「B君とC君が蹴り合いのけんかをしてるよ」「先生、N君が石を投げて○○ちゃんに当てたけど、やってないってウソ言ってるよ」と、けんかやもめごとが毎日のように報告された。騒ぎを起こしているのはいつもほとんど同じ子だった。

それは去年から何かと問題になっていた腕白三人組と、ことあるごとに祖父や母親が学校に怒鳴り込んでくるというN君だった。この四人の気ままで乱暴な言動に、他の子たちは息を潜めて過ごしているような状態だった。その腕白三人組もよく見ると、一人が親分で他の二人は子分のような関係になっていた。私がその子たちを叱ると、他の子たちは安心した顔をするのがわかった。一年生のときには前の担任の先生の言うことを聞かず、好き勝手な事をやっていた子たちなので、真剣に叱ったり根気よく言わないとなかなか通じない。初めのうちは四人の子たちとの対応で疲れ果てるような毎日だった。

しかしよく見ると、問題なのはその子たちだけではなかった。他の子たちは学校生活や教師にほとんど期待をもっておらず、一部の子は授業中に用事もないのに立ち歩いたり鉛筆を削りに行ったりすることが当たり前になっている。学級が一つの集団としての形をなしておらず、一人ひとりがまるでばらばらな状態だった。その様子を見るにつけ、まず問題を起こしている一部の子たちを変えなければ、他の子の成長もありえないと私は思った。

そのために、さしあたってしなければならない課題として私は次のことを考えた。

○全ての子どもが安心して過ごせる学級をつくること。
○担任が一人ひとりとしっかりつながること。
○勉強やその他の活動で「やればできる」という自信をつけてやること。
○学級全体で楽しく過ごす時間を毎日少しでもつくり、子どもたちどうしがお互いを認め合える関係にしていくこと。

これらのことを地道に積み重ねていくことで、やがてみんなの力を交流し合い、考え合う授業もできるようになるだろう。そんな願いをもって私は学級づくりをスタートさせたのだった。

取り組んだこと

毎日、いろいろな取り組みをした。いいと思うことは何でもやってみようという気持ちだった。例えば、朝の会や帰りの会を大切にすること。健康観察では、毎日子どもの名前を呼び「はい、元気です」「はい、ちょっとおなかが痛いです」「はい、ちょっと眠いです」などと答えてもらい、友達の健康状態をみんなが知ること。ときどき私が「○○ちゃんは今日元気でしょうか？ それとも具合が悪いでしょうか？」などとクイズみたいな質問もした。わかった子には「よく聞いていたね」とほめる。そうするとみんなが真剣に聞くようになった。

また、「一言スピーチ」というのもやった。「きのう遊んだこと」「好きな本の紹介」「家族の紹介」などを題材にし、話すほうも聞くほうも楽しめるようにした。帰りの会では「先生のスピーチ」として、私が「今日あったこと」を話すようにした。ここではなるべくおとなしい子のいいところをみんなに知らせたり、「空の上には何がある？」などとなぞなぞを出して、答えは次の日の朝の会で発表したりした。実務的で形式的な朝の会や帰りの会でなく、楽しみながら友達や先生の話を聞くことができる会にしたいと考えたからである。

その他、続けてやったことの一つに「お誕生日会」がある。

毎月、その月の末に「お誕生日会」をひらき、四月は私が司会や準備をしたが、五月の「お誕生日会」は四月の誕生の子がやるようにした。そのことでいろいろな子が司会をする機会が生まれ、準備のための話し合いをする必要も出てきた。内容は、お誕生日の歌、お誕生日の人からの一言、みんなからの握手、ゲームなどと簡単なものだったが、誕生日を祝ってもらった子は画用紙で作ったメダルを首にかけて本当にうれしそうだった。

月が進むごとに、新しいゲームを考え出したり、お姉ちゃんに作ってもらった折り紙のプレゼントを用意する子がいたり、写し絵をみんなで楽しんだりと、子どもたちなりの工夫が見られ、「先生、○月のお誕生日会はいつやるの?」と楽しみにする子がふえてきた。みんなの前で話したり、聞いたり、握手しながら「おめでとう」という一言が子どもたちどうしをつなぐきっかけとなったようにも思えた。あるお母さんからは「帰って来るなり首にかけたメダルを見せながら、お誕生日会の話をすごく楽しそうに話すのを聞いて、うちの子は学級で大切にされているんだって思って、うれしくなりました」と手紙をもらった。ほんの小さな取り組みでも、子どもを通して親に伝わり、それが教師に伝わり、また子どもにかえっていくエネルギーになるということを実感した。

「全員遊び」というのもやった。これを楽しめるまでには少し時間がかかった。やり始めた四、五月は遊びが遊びとして成立しなかった。鬼ごっこ、ドッジボール、ハンカチ落とし、かくれんぼ、手たたきゲーム、爆弾ゲーム、あらしあらしおおあらし（フルーツバスケットのようなもの）など、子どもが楽しめるようなゲームや遊びを私がリードして進めるのだが、「やりたくない」と言って座り込んでしまう女の子、ルール無視の腕白三人組、あるいはちょっとしたことでもめたり泣いたりする子などがいて、なかなか大変だった。そこで、「全員遊び」をする前に「班遊び」として四人で遊ぶ日をつくったり、同じ当番の子たちで遊ぶ日をつくったりしながら「全員遊び」も進めていった。少人数での遊びが楽しめるようになると「全員遊び」もできるようになった。

その中で、ときどきドッジボールもやった。ところが腕白三人組が相手かまわず力まかせに投げつけるので、他の子は怖くて逃げ回るだけ。少しも楽しい遊びにならない。そこで、その三人をばらばらのチームに分けてキャプテンにし、作戦を考えさせたり、「全員がボールに触らないとだめ」などと、ルールをどんどん変えて「みんなで楽しむドッジボール」にしていった。そんなことを続けるうちに、やがて三人組以外の子が積極的にドッジボールに取り組むようになっていった。また、勝ち負けにこだわっていた三人組も少しずつキャプテンらしくなっていった。

私はときどき「全員遊びも勉強だよ」と子どもたちに話し、なかなか遊びに加わらなかったおとなしい子たちを引っ張り出すようにした。鬼ごっこや大根抜き、かくれんぼなどで毎日遊んでいるうちに、子どもどうしの見えない壁がだんだん消えていったように思う。やがて子どもたちの大声や笑顔が自然に出るようになった。そして、それは授業中の発言や友達の発言に対する反応にもつながっていった。

学習の中では、短期間でも自分で成果がわかり自信につながる国語の音読、視写、漢字、算数の計算などを継続していった。そして、真面目に努力している子のノートをしばしば紹介したりした。また、落ち着かない月曜日の朝には必ず絵本の読み聞かせをした。主に、みんなで笑って楽しめるような昔話を選んだ。

この他、列や班で発表する発表リレーや音読リレー、鍵盤リレー、歌リレーなど、子どもどうしをつないでいく学習も多く取り入れた。そうしているうちに、授業中に友達を指名させると三人組の親分格のA君ばかりをみんなが当てる、という異常なこともなくなっていった。授業中の立ち歩きもなくなっていった。ただ、N君をめぐるトラブルだけは相変わらず続いていた。

N君のこと

N君は保護者の考えから幼稚園にはまったく行かずに過ごし、初めての集団生活を学校でむかえた子であった。そのせいか、入学当初から友達にちょっかいをかけたり、ちょっとしたことで怒って叩いたり蹴ったり暴言を吐いたりしてトラブルが絶えなかったらしい。一年生の担任がそのことを親に話すと、祖父が子どもたちを登下校時に待ち伏せして「本当にNが悪いのか」と問いただす。詰問された子は怖くて本当のことを言えないから、結局は「担任がウソをついている」と責められることが続いたようだった。

学校に電話をしたり訪ねてくることも頻繁で、教育委員会にも不満を言いにしょっちゅう出かけていた。あるときなどは、校長室に来て五時間以上も不満や文句を言い続けたとのこと。それだけならまだしも、孫（N君）の悪口を言ったからと一年生の子の胸倉をつかんで怒鳴りまくったという話を聞いたときには、驚いたというより怖さを感じた。そんなことが親のあいだにも伝わり、子どもたちはN君にできるだけかかわりをもたないようにとよそよそしくしていた。結局、N君は、学校に不満をもっていた保護者の意志で、入学後半年を過ぎた頃から登校しなくなってしまった。

二年生になり担任が変わったということで、N君は再び登校してきた。集団での生活を半年しかさせず、学校に再びやってきたN君は、クラスの子どもたちとなかなかうまくかみ合わなかった。ちょっかいを出して他の子を泣かせたり、ぶつかってきたと言っては「ばかやろう」などの暴言を吐くこともしばしばで、注意しても自分の非を認めたり謝ったりすることは全くない。親とも何回か話したが、「○○君たちは一年生のとき、ウソばかり言ってたのを先生は知らないんですか?」とわが子の非を認めようとはしなかった。

私は、N君の様子を毎日見ながら、「N君自身は他の子と何とかかかわりたいのだ。それが思うようにいかないので、ついちょっかいを出したり、そのことで注意されると暴言や暴力で応えるという形になってしまうのに違いない」と考えた。こうしたことは、多少の差はあっても二年生の子にとってはそんなに珍しいことではない。まして、集団での生活経験が少ないN君の場合は仕方のないことなのだと思っていた。

そこで私は、親たちには機会あるごとに、「子どもたちはまだ八歳なのだから、間違いや失敗やけんかはあって当たり前。学校生活が人間関係の勉強の場になっていると考えてください」と話し、学級便りにもそのことを何度も書いた。だがN君の保護者にはなかなかそのことも理解してもらえなかった。

授業参観になると、借りて来たネコのようにおとなしくなってしまうN君を見ながら、「子どもが悪いんじゃない。子どもが変わることで親や祖父を変えていくしかない」と私は思い続けていた。N君への愛情をもち続け、信じ続けること。いい事をしたらうんと誉め、悪いことをしたら「なぜ悪いのか」を教えながら注意すること。そしてあせらずにじっくりとN君の成長を見守ること。それが学校における教師の仕事なのだ、と私は自分に言い聞かせていた。

N君はそのうち、「さようなら」をしてもなかなか家に帰らず、教室で遊んだり、友達や私と話したりする時間をもつようになっていった。そんなあるとき、「怪我をしたことがわかると叱られるから」と保健室で貼ってもらったばんそう膏をはがして帰ったり、「テストやノートに×を書かないで。家でしつこく言われるから」と私に話すようになった。N君が家で緊張しながら過ごしている様子が想像できた。学校でのルールや友達との関わり方を指導しながら、せめて学校ではのびのびと遊び、楽しく勉強できるようにしてやりたいと私は思った。

例の三人組のA君、B君、C君もN君と同じように、家ではいい子だった。家で緊張しながら生活し、学校で羽根を伸ばすという生活を一年生のときから続けてきたようだった。しかし二年生になって、悪いときには私に叱られ、頑張ったときには誉めてもらうということを繰り返すうちに、時に涙を流したりしながらも自分を変えていこうとする態度が見られるようになった。そのことが他の子たちにもわかって少しずつだが信頼関係が生まれ、仲よく遊べるようにもなっていった。また学習面でも、丁寧に字を書いたり、音読に進んで取り組んだり、家庭学習ノートを毎日続けて提出するなど、こつこつと頑張る姿を見せるようになっていった。

この三人組の変化は、他の子たちにもよい影響を与え、やがて学級の空気がそれまでとはずいぶん違ったものになってきた。とくにそう感じたのは、六月のころからだった。私の学校では職員朝会が毎日あり、その時間帯は担任外の先生が校内を見廻ることになっている。あるとき、私の学級の子が静かにノートに向かって漢字練習をしているのを見た先生が、子どもたちをほめ、そのことを私にも知らせてくれた。小さなことだが、子どもたちと私が一緒に喜び合うことができたうれしい出来事だった。ほめてくれた先生は一年前のこの学級の状態をよく知っていた人だった。

ザリガニの飼育に夢中になる

授業の中で子どもたちが動き始めたと感じたのは、生活科でザリガニの世話に取り組んだころからだった。二年生の全員が一人一匹ずつザリガニを飼い、廊下にケースを並べてザリガニの世話をするのである。

子どもたちは、一人で責任をもって生き物を飼うという初めての経験にとまどいながらも一生懸命だった。「先生、ザリガニのために給食のパンを少しやってもいい?」「土曜日、学校にザリガニを見にきてもいい?」「○○ちゃんのザリガニと結婚させたいんだけど、静かな場所で二人きりにするために理科室に連れて行ってもいい?」「先生、私が行くとはさみを挙げて喜んでくれるんだよ(これは、敵を威嚇している行動だろうが)」「先生、なんか今日元気ないよ」などと、もうザリガニに夢中になっている。

その熱い思いをザリガニの観察に向け、みんなで「ザリガニクイズ」をつくろうということになった。できたクイズの数は一五〇にもなり、七月の授業参観日にはクイズとザリガニの世話についての発表を行った。

四月当初発表できなかった子や、声が小さくて聞こえなかった子どもたちも、生き生きと発表することができた。そんな子どもたちの様子を、私もお母さんたちと一緒に喜び合うことができた。一年生のときは三人組やN君に対して警戒心を持っていたお母さんたちが多かったのだが、みんなニコニコしながら、どの子にも応援の拍手を送ってくれた。後で、残ってくれたお母さんたちが、「先生、子どもたちが変わったね」「一人ひとり成長したね」「何か安心して見てられるね」「あの三人組もまったくわからないね」などと、口々に言ってくれた。子どもたちを通して親ともつながることができたような気がした。これも子どもたちのおかげだと思った。

夏休みになると、子どもたちはそれぞれ自分のザリガニを家に持ち帰って世話を続けた。やがてザリガニが卵を抱き、赤ちゃんが生まれた。赤ちゃんザリガニが少し大きくなると、それを友達に分けてあげる子も出てきて、ザリガニが友達の輪を広げていった。

二学期には、続いての生活科で「自然のなぞなぞ見つけよう」という学習を行った。ここでもザリガニの学習が土台となって、子どもたちは学校や公園を探検して「なぞなぞづくり」を楽しんだ。あるグループは、水田にいるヒルの種類の生きものを水槽で飼い、「うねうねくん」と名付けて「うねうねくんの口にはひげがあるかないか?」というなぞなぞをつくった。「姫リンゴは、どうしてこんないい名前がついたのでしょう?」という素敵ななぞなぞをつくったグループもあった。またあるグループは、砂糖や飴などを持ってきてグランドに置いてアリの行動を観察し、「アリはチョコレートが好きか嫌いか?」などという、いかにも二年生らしいなぞなぞをつくった。トンボグループのつくったなぞなぞは「あれ、赤い何かが飛んでいる。それはなあんだ?」というものだった。おかしくてふき出してしまったが、当人たちは大まじめだった。

三人組の一人、C君は、他の二人となかなか離れることができずにいたが、この学習ではみずから希望して別のグループに入り、生き生きと活動していた。またA君、B君も他の子たちと一緒に公園やグランドを駆け回り、たくさんのなぞなぞを見つけ出した。B君は、なぞなぞに実物の葉っぱを取ってきて貼り付けるというアイディアを出し、みんなから「わかりやすい!」とほめられてとてもうれしそうだった。N君は三人で組になり、虫についてのなぞなぞをつくることになっていた。他の二人がおとなしい子たちだったので少し心配していたが、三人で仲よく図書室の本をのぞいていたり、学年園の畑の隅に穴をあけ、土の中を観察してミミズを見つけて歓声をあげていた。そんな姿をみて私は安心し、またうれしかった。

こうした学習の一時間を、全校の先生に見てもらったことがあった。「子どもたちが生き生きとしていた」「二年生の子どもらしい素直で楽しいなぞなぞがたくさんできていた」「一年前と比べると学級の雰囲気が明るく、集中していて、確かに成長している様子がわかった」などの、うれしい感想をもらった。

このザリガニや自然探検の学習を通して、私は子どもたちの素直さやかわいらしさ、一生懸命さを肌で感じとることができたように思う。「子どもたちと近づけた」という思いを実感できた取り組みだった。この学習の過程でN君や三人組だけでなく、いつも自分のペースをくずさず、みんなといっしょに行動できない俊夫君も、グループの一員として一緒に探検したり、「なぞなぞづくり」に取り組んでくれたことがうれしかった。

「仲よくするんだよ」「けんかしないようにするんだよ」という言葉をかける必要のない学習ができるようになると、席替えも二週間ごとにやる必要がなくなってきた。それまでは隣の席の子を嫌がって泣く女の子がいたり、席替えの結果で学校を休みがちになる子がいたのだが、そういうこともなくなったからである。N君の保護者からの苦情や抗議の電話もなくなり、去年のように、祖父が校長室に何時間も居座って不満を訴えるということもなくなっていた。

二　国語「お手紙」の授業

授業に力を入れる

二学期も半ばになり、授業に集中する時間も増え、みんなで話し合いをする時間も徐々に長くできるようになった。授業を通してたしかな学力や思考力を育てる時期がきていると私は思った。そこで、国語では「サンゴの海のなかまたち」（説明文）、算数では「たし算とひき算の筆算」などに力を入れて取り組んだ。

算数では毎時間TTの先生に入ってもらって、四十人の子どもを二人で指導していくことにした。そのことで理解の遅い子に手厚い指導ができたし、私の授業の進め方や子どもたちの様子を客観的みてもらうことで、私自身にも子どもたちにとってもよい刺激にすることができた。そうした土台の上に、十一月には「お手紙」二年（アーノルド＝ローベル作・絵、みき たく訳、光村図書）の授業をすることにした。これは、じっくりと取り組みたい教材として四月から考えていたものだった。二学期最後の締めくくりとしてぜひともこの教材に取り組みたい、今のこの時期ならこれまでの積み上げを生かした授業ができるのではないかと考えて、力を入れた。
この教材のあらすじは次のようなものである。

――今まで一度も手紙をもらったことのないがまくんは、そのことをふしあわせに思い、かなしみ、いじけ気味になっている。そんながまくんの友達であるかえるくんは、がまくんのかなしさを受け止めてあげ、一緒にかなしむ。あるときかえるくんはふと、自分が手紙を書いてがまくんに出すことを思いつき、家に帰って書いた手紙をかたつむり君に託して配達してもらうことにする。だが、かたつむりくんが手紙を届けたのは、四日後だった。

そのあいだ、二人は、とても幸せな気持ちで手紙を待つ。届くのを待ちきれずにかえるくんが告白してしまった手紙の内容をかみしめながら……。その手紙の内容というのは次のようなものだった。「親愛なるがまがえるくん。ぼくは、きみがぼくの親友であることを、うれしく思っています。きみの親友、かえる」――

初めてこの教材を読んでやったとき、子どもたちはニコニコしながら聞いていた。とくに、がまくんの「いやだよ」「あきあきしたよ」「そんなことあるものかい」「ばからしいこと、言うなよ」という言葉や、かたつむりくんの「すぐやるぜ」という言葉が気に入ったらしく、クスクス笑いながら聞いていた。

そのあと「みんなで読んでみようか」と言うと、子どもたちから「読みたい」「読みたい」と声が上がった。私も、子どもたちはこの話が好きだということがわかって、うれしくなってしまった。私は以下の四つのことを重点にして授業を進めてみよう、と考えていた。

①会話のおもしろさを音読することによって気付かせ、楽しませたい。

②「ふしあわせ」「かなしい」「しあわせ」という気持ちを一般的な意味で理解させるのではなく、がまくんやかえるくんの気持ちになって理解させたい。

③かえるくんが、がまくんに書いた手紙の内容と、それを聞いたがまくんの「ああ」という感嘆の言葉を音読で表現させたい。

④授業の最後に、がまくんがかえるくん宛に出したであろう手紙を想像して書かせたい。

音読をたのしむ子どもたち

とにかく読むことを毎時間やった。これには読ませたいという私のねらいもあったが、それ以上に子どもたちが読みたがったのだ。初めは〈連れ読み〉（私の後について読む）から入って、〈リレー読み〉（句点の箇所まで読んで次の人に交代する）、〈役割読み〉（地の文、がまくん役、かえるくん役、かたつむりくん役に分けて読む）などさまざまな形式で読み、グループごとで読んだりもした。家でも読んで、おうちの人に感想を書いてもらうようにした。感想にはお母さんはもちろん、お父さん、おばあちゃん、お姉ちゃんなども登場して、子どもたちはうれしそうに音読カードを提出した。

とくに三人組のB君は、お姉ちゃんやお母さんに何度も聞いてもらって感想を書いてもらってきた。その感想には、「とっても上手に読めていました」「気持ちを込めて読めました」などと励ましの言葉が多く書かれていた。それらの感想がB君のがんばりを支えてくれていた。

毎日、飽きずに読みつづける子どもたちの様子をみて、私はこの教材の持っている魅力にあらためて驚いた。〈役割読み〉では、一番人気はがまくん役だった。男の子はもちろん女の子もこぞって「いやだよ」「あきあきしたよ」「ばからしいこと、言うなよ」といった、がまくんのいじけてちょっと投げやりな言い方を喜んで読んでいた。読むというより、がまくんそのものになってしゃべっていたと言った方がいいかもしれない。

その中で、特に上手だったのは俊夫君だった。俊夫くんは、とにかくマイペースで、算数などはみんながノートに問題をやり始めるころに、やっと教科書やノートを出し始め、みんながやり終わる頃に問題を書き始めるといった具合だった。休み時間が終わっても戻ってこないので探しに行くと、誰もいない静かな図書室でじっと本を読んでいるということもよくあった。興味のある昆虫や恐竜のこと、アンモナイトや勾玉のことについては熱っぽく語るのだが、テストなどは、考えているのかいないのか、ずっと宙を見つめているだけで、声をかけないと何も書かないということもよくあった。そんな俊夫君が生き生きとしてがまくんになった。特に「ばからしいこと言うなよ」の言葉は、他の子から「うまい」と拍手が出るくらいに上手だった。みんなも俊夫君の読みを聞きたがったし、俊夫君はそうしたリクエストに答えて何度もがまくんになった。

朗読で自信をつけたのは俊夫君だけではない。他の子も、私が聞いたり、友達や家の人に聞いてもらうことで自信をつけていった。授業中に「読みたいグループある？」と聞くと、全部のグループが手をあげ、順番に読むこともあった。読みながら子どもたちは、がまくんに、かえるくんに、かたつむりくんになった。「大きな声で読むんだよ」「気持ちを考えて読むんだよ」という言葉をかける必要はなかったし、そんなことを言うことが薄っぺらいような気がするほどだった。

授業の記録から（1）

音読を通して子どもたちが十分に教材の世界に浸りきった頃合いを見はからって、私は本格的な読み取りの授業に入ることにした。


がまくんは、げんかんの前に　すわっていました。

かえるくんがやってきて、言いました。

「どうしたんだい、がまがえるくん。きみ、かなしそうだね。」

「うん、そうなんだ。」

がまくんが言いました。

「今、一日のうちの　かなしい時なんだ。つまり、お手紙をまつ時間なんだ。そうなると、いつもぼく、とても　ふしあわせな気もちに　なるんだよ。」

読み取りに入った最初の時間、私はまずいくつかの班の子どもたちに、教材のこの冒頭の部分をを朗読してもらった。子どもたちは、それぞれにがまくんの気持ちに共感する感情を込めながら読んでいた。私は教科書の〈「今、一日のうちのかなしい時なんだ。つまり、お手紙をまつ時間なんだ。そうなると、いつもぼく、とてもふしあわせな気もちになるんだよ。」〉というがまくんの言葉を示し、「これはだれの言葉？」と問いかけることから授業を始めた。

「がまくん！」

「そうだね、がまくんだよね。だれかこの言葉をがまくんになって言ってくれる？」

「はい」「はい」と半数くらいの子どもの手があがった。指名されて、たつお君が読んだ。ちょっと元気すぎる読み方だったので、私は子どもたちに聞いた。

「上手に読めたね。このとき、がまくんはうれしいのかな？」

「ううん。かなしい時って書いてあるから、かなしいんじゃないの」

「ふしあわせって書いてある」

子どもたちは口々に答えた。

「じゃあ、かなしくて、ふしあわせな気持ちで読んでくれるかな？」

手をあげた子のうち、友宏君に読んでもらうことにした。友宏君は少し声を落として、かなしそうに読んだ。子どもたちから「かなしそう」「上手」という声があがった。そのときA君が「先生、俊夫君に読んでもらって！」と叫ぶように言った。三人組の親分格だったあのA君である。いつもは自分が一番にいろいろなことをやりたくて「はい」「はい」と挙手をするA君だったが、この学習では俊夫君や他の子のいいところをよくわかっていて、推薦する側に回ることが多かった。

みんなに期待されて読んだ俊夫君はいかにもかなしそうに、声を落として読んだ。子どもたちは「そうなんだ！」という表情をして、満足そうに俊夫君の朗読を聞いていた。

「がまくんは、どうしてかなしいの?」

と、私は子どもたちにあらためてたずねた。

「お手紙が来ないから」

「あのね、いつもいつも待ってるんだけど、お手紙が来ないからかなしいの」

「だれも、がまくんに書いてくれないから」

「今まで、手紙が来ないかなってポストを見ても、いつも空っぽだから、ああ、今日もお手紙がなかった、と思ってかなしくなっちゃったんじゃないの」

「郵便受けじゃないの？」

「教科書には郵便受けって書いてあるね。六ページの絵にも書いてある。C君、その郵便受けをがまくんはいつも見ていたんだね」

「うん。だって『毎日、ぼくのゆうびんうけは、空っぽさ』って書いてあるから、毎日見ていた」

毎日、ポスト（郵便受け）を見ても空っぽだからかなしかった、と答えたC君もまた、例の三人組の一人だ。いつも落ち着きがなく、授業中も歩き回っていたC君が教科書の文章をあげて的確に答えていたことに私は驚き、感動した。

「そうか。毎日毎日郵便受けを見るのに、いつもお手紙が入ってないから、お手紙を待つ時間はかなしいときなんだ。……それで、『そうなると、いつもぼく、とてもふしあわせな気持ちになるんだよ』って言ってるんだけど、『ふしあわせ』ってどういうこと？」

「しあわせの反対」

「すごいかなしい」

「どうして、すごいかなしいの？」

「だってお手紙が来ないから」

「今まで一度も来たことないから」

「一生来たことないから！」

子どもたちは口々に答えた。まりこちゃんが一生懸命な様子で、

「あのね、お手紙を待っててもぜんぜんこないでしょ。だから、『だれもぼくにお手紙なんかくれないいんだ』と思って、かなしい気持ちがどんどんふしあわせになってきた」

と言う。

「なるほど。がまくんはだれも自分にお手紙をくれないから、ふしあわせな気持ちになっちゃったんだね。でもね、がまくんだけじゃなくて、かえるくんもかなしい気分になっちゃったみたいなんだけど、わかる？」

「『ふたりともかなしい気分で』って書いてある」

「じゃあ、そこをみんなで読んでみてくれる？」

そう言うと、子どもたちは待ってましたとばかり、それぞれの気持ちを込めて文章のその箇所を読んだ。

「どうして二人ともかなしい気分になっちゃったの？」

と私が聞くと、

「がまくんがお手紙こなくて、かなしくなっちゃったから、友達のかえるくんもかなしくなっちゃった」

と、自分もかなしそうな顔をして千香ちゃんが言う。すると三人組のA君が、

「かえるくんとがまくんは友達でしょ。だから二人ともかなしいんだよ」

と当然だといわんばかりの顔で続け、奈津江ちゃんが、

「かえるくんとがまくんはなかよしで、気持ちがわかるから、がまくんがかなしい気持ちだったら、かえるくんも一緒にかなしい気持ちにどんどんなったんじゃない」

とせきこむような調子で言った。他の子もうなずきながら真剣に聞いている。

「みんなもわかる？　かえるくんとがまくんの気持ち？」

子どもたちは一斉に「うん」と力強くうなずいた。もうこれ以上聞かなくてもいい、と私は思った。発言している子たちは自分の言葉で、本音で話している。それを聞いている子たちも一緒になってかえるくんとがまくんの気持ちを考えている。うなずいたり独り言をつぶやいている子どもたちをみながら私は、これ以上発問すると子どもたちがかえってこの作品から離れていってしまうような気がしていた。

こういう経験は久しぶりだった。以前、一年生を担任したとき「たぬきの糸車」で「キ

ーカラカラ、キークルクル」とおかみさんの回す糸車に合わせて、目玉をクルクルまわすたぬきと一緒に目を回す子どもたちを見た感じと似ていた。「お手紙」の授業はいいスタートを切ることができたと思った。

授業の記録（2）

授業は順調に進行し、いよいよ山場と考えていたかえるくんの手紙の場面になった。教科書では次のようになっている。


「かえるくん、どうして、きみ、ずっと、まどの外を見ているの。」

がまくんがたずねました。

「だって、今、ぼく、お手紙をまっているんだもの」

かえるくんが言いました。

「でも、来《き》やしないよ。」

がまくんが言いました。

「きっと来るよ。」

かえるくんが言いました。

「だって、ぼくが、きみにお手紙出したんだもの。」

「きみが。」

がまくんが言いました。

「お手紙に、なんて書いたの。」

かえるくんが言いました。

「ぼくは、こう書いたんだ。『親愛なる　がまがえるくん。ぼくは、きみが　ぼくの親友であることを、うれしく思っています。きみの親友、かえる。』」

「ああ。」

がまくんが言いました。

「とてもいいお手紙だ。」


私は最初、子どもたちに「この手紙のことを聞いたがまくんは、どんな気持ちで『ああ』と言ったんだろう?」と聞いてみるつもりでいた。しかし、ここまで読み込んでいる子どもたちだから、がまくんの「ああ」も読みで表現できるにちがいない。そう思い直して、まず、「とてもいいお手紙だ」と言ったがまくんの気持ちから聞いてみることにした。二つの班の子どもたちに前に出てきてもらい、〈役割読み〉をしてから話し合いに入った。

「かえるくんが、手紙の来ないがまくんをはげましてあげていたんだよね。さあ、今日の場面では手紙は……」

「来た」

と一人の子が答えた。即座に、「えーっ！　まだ来てないよ」と和哉君が言う。「来た」と言った子は「そうだった。まだ来てないんだった」とまちがいに気付く。それが責められているのでなく、忘れてたという感じでニコニコしている。この子はもう、すっかりがまくんと同じ気持ちになっていて、手紙が届くのを心待ちにしていたのにちがいない。

「来てないけど、かえるくんが言っちゃったんだ」

「かえるくんが、つい言っちゃったんだね。なんて？」

「だって、ぼくが、きみにお手紙出したんだもの」

「そしたらがまくんが？」

「きみがぁ？」（がまくんになりきった様子で、子どもたち口々に）

「みんながまくんみたいだね。上手だね。手紙になんて書いたのか聞いて、がまくんがそう言ったんだね。じゃあ、手紙に書いてあったことを言ってくれる人？」

「はい」「はい」と勢いよく半数以上の子が手をあげた。ふだんはあまり手をあげない直人君が手をあげていたので読んでもらった。直人君はにこにこしながらよどみない調子で読んだ。毎日何度も読んでいるので自信を持って読んでいた。直人君が読み終わるとすぐに、さっきより多くの子が読みたくてたまらないという様子で手をあげた。

「じゃあ、みんなでもう一回読んでみよう」と私が言うと、みんな「まってました！」とばかり大きな声ではりきって読んだ。由花ちゃんが「本を見なくても言える」と言うと、みずえちゃんが「私も！」と続けた。それを聞いたたかし君がさっそく「親愛なるがまがえるくん……」と読み始めている。

私はあらかじめ画用紙に写しておいた手紙の内容を黒板に貼り、「だれからだれに宛てた手紙か」「『ぼく』と『きみ』はだれか」を念のために確認した。子どもたちはすぐにわかった。

授業は次のように続く。

「手紙の中身を教えてもらったがまくんは、何て言ったの？」

「ああ」（子どもたち、口々に）

「とってもいい手紙だ」

「うん、そう言ったんだよね。がまくんは、どうして『いいお手紙だ』って思ったんだろうね」

子どもたちはさぐるような視線を宙にむけて考えている。三人の子が手をあげたが、私はしばらく待った。ここはじっくりと考えさせたいところなのだ。このとき、ふと私の中に、「そこを私が朗読してみせてからもう一度聞いてみよう」という思いが浮かんだ。とっさのことである。読みを楽しんだ子どもたちだから、私の朗読でかえるくんやがまくんの気持ちにあらためて寄り添えるのではないかと考えたのだった。

「みんな目をつむってみて。先生が、かえるくんの手紙を読んでみるから、みんなはがまくんの気持ちになって聞いてみてね」

私はゆっくりと、心をこめて読んだ。

読み終わるとたくさんの拍手がわき起こった。

「先生、もう一回読んで」と子どもたちが言うので、うれしくなってもう一度心をこめて読んだ。さらにもう一度、こんどは本を置いて読んだ。するとまた、あのA君が即座に「すごいうれしい！　心に入ってくる！」と言った。このときA君は立ち上がり、興奮した様子で叫んでいた。その姿は、四月に見た荒々しい表情ではなく、いかにも二年生の子どもらしいかわいらしさでいっぱいだった。

他の子たちの顔も、初めて手紙をもらって幸せに満ち足りたがまくんの表情になっていた。浩二君が「先生、手もつけていたでしょ。ぼくちょっと見えちゃった」と言う。この子は、私が朗読するときに思わず添えてしまった腕の動きを見逃さなかったのだ。私は少し照れながら「うん。気持ちをこめると手や身体が自然に動いちゃうんだよね」と言い、「みんながまくんになって考えてくれた？」と子どもたちにたずねた。

今度はたくさんの子の手があがった。

「うれしい気持ち」

「うれしいことが書いてあった」

「親友って書いてあった」

「親友って書いてあったから、かえるくんが、がまくんのことをずっと友達なんだと思ってくれて『いい手紙』と思った」

「お手紙をもらうのがはじめてで、とてもうれしいことが書いてあったから」

「親友って書いてあって、とてもいい言葉だと思った」

子どもたちが口々に答えた。いつもよく考えてからかみしめるように発言する舞ちゃんが、

「手紙に『ぼくは、親友であることをうれしく思っています』って書いてあったから、うれしい手紙だった」

と言った。舞ちゃんは、ただ単に「親友」という言葉がうれしかったのではなく、「自分の親友であることをうれしく思ってくれているかえるくんの気持ちがわかってうれしかった」ということを言いたかったに違いない。これは、私が、二年生の子にはちょっと難しいかもしれないと思っていた読み取りだった。

最後に私がもう一度かえるくんの手紙を読み、子どもたちがそれに応えるようにがまくんになって、「ああ」「とてもいい手紙だ」と言って終わりにした。がまくんの言葉を、がまくんになりきって心をこめて言っている子どもたちの様子を見て、とてもあたたかい気持ちでこの授業を終えることができた。子どもたちと一緒にこの作品と対面できた心地よさが残った。

このあと、手紙が実際に届いて「ふたりともとてもしあわせな気もちでそこにすわっていました」という最後の一文を一人ひとりが読み、みんなでその場面を想像した。初めに

考えていた「二人の気持ちは？」という発問は、かえってこの作品の世界をこわすことになるのではないかと考えてやめた。子どもたちは、この最後の一文をかみしめるようにゆっくり読んでいた。それで充分だった。最後までこの作品の世界に浸りながら、授業を終えることができた。

授業を終えて

授業が終わって、子どもたちは「かえるくんへの手紙」を書いた。がまくんが、かえるくんに返事を出すという設定である。子どもたちは一生懸命に書いていた。とても集中した時間が流れていた。終わりの時間になっても、「先生もう少し時間ちょうだい」という子がたくさんいた。一生懸命集中して書いている子どもたちの姿にも私は感動したが、その書かれた文面を読んで、私はさらに子どものやさしさや素直さに触れる思いだった。

子どもたちが書いた手紙には、次のようなものがあった。

・かえるくん、お手紙ありがとう。一度ももらったことがなかったからうれしくてしょうがありません。

・かえるくん、お手紙どうもありがとう。ぼくは毎日読んでいます。ぼくは毎日読んでもあきあきしません。こんどはぼくが出したので読んでください。
・かえるくん、お手紙ありがとうございます。はじめてのお手紙、とてもうれしかったです。お手紙をもらうとこんなにしあわせな気持ちになるんですね。あと「ばからしいこというなよ」とかひどいことをいってしまいましたね。ゴメンネ。これからもずっと友達でいてくださいね。
・かえるくん、お手紙ありがとう。あのお手紙見たら元気やゆう気がわくよ。ぼくは、あの手紙が一番さいしょのお手紙だったからとてもうれしかったよ。きみの親友ががえるより。
・かえるくん、きのうのお手紙ありがとう。ぼくは生まれてはじめてのお手紙だからすごくうれしかったよ。またお手紙をください。ぼくはあの手紙を一番のたからものにするからね。ぼくもかえるくんが親友だからね。またいっしょに遊ぼうね。
・かえるくんへ。ぼくはかえるくんのことをすごくいい友達だと思っています。ぼくはきみと友達ですごくうれしいです。きみとはいつまでも一番の友達だよ。

これらの、子どもたちが書いた手紙を読みながら、子どもたちがこの作品にたっぷりと浸ることができたことを感じた。そして、子どもたちが浸りながら、作品の中でがまくんやかえるくんになってかなしんだり、喜んだり、楽しく遊んだりしている姿を見ることができて、私もまたこの上なくしあわせだった。

四月に出会った子どもたちは、なにか殺伐としていて、子どもらしいパワーや無邪気さが感じられなかった。しかし二学期後半のこの授業では、この子たちが本来持っているかわいらしさや優しさ、無邪気さに出会えたような気がした。

腕白三人組だったA君、B君、C君は、この授業の中でみんなと一緒に、いや、みんなよりもっと深くがまくんの気持ちを理解していた。本当は友達が欲しくてたまらないのに強がりを言ったり、淋しくていじけ気味になっているがまくんの気持ちに自然と寄り添えていたに違いない。N君は、三人組のようにストレートに授業で自分の気持ちを表現してはいなかったが、音読には進んで取り組んでいた。また「かえるくんへの手紙」には「ありがとう。はじめてのお手紙うれしかったよ。ぼくもすぐへんじをだすからね」と素直な気持ちを書いていた。

これらは、四月から子どもたちと一緒に、階段を一段一段登ってきたからこそ出会えた姿だったし、また、それを引き出せた授業があって実現できたもののように私には思える。授業をふり返ってみると、教材研究や組織的・計画的な取り組みという点で、私にはまだ多くの課題が残されているという気もするが、しかしこの授業で、私は久しぶりに子どもたちと自然に対話ができたような気がしていた。あらかじめ決めておいた発問をただ投げかけるだけではない授業、子どもたちが出してくれた考えに応じながら、無理に引っ張らなくても子どもたちの方からどんどん作品の世界に近づいていく授業が少しはできた、という手応えがあった。子どもも私も、この「お手紙」という物語の中で楽しみながら心豊かになっていくことができた。それはなによりもこの作品の持つ魅力のおかげだと思っている。

授業とは、毎日の積み重ねを一つひとつ確かめながら、教師も子どもも次に向かって歩んでいく足跡づくりのようなものだ、という気がしてならない。四月からの、朝の会や帰りの会、遊びや、ザリガニ飼育や、なぞなぞづくりの取り組みなどが今回の授業につながっていたことは確かだろう。問題を抱えた子どもたちへの日常的な働きかけも大切である。そうした意味で、授業はもちろん、授業以外の取り組みも含めた土台づくりの重要さを忘れたり、軽視したりしてはならないことである。

しかし、それにもまして大事なことは、やはり授業の中で、一人ひとりの思考や表現を尊重し、交流し合い、課題に向かって子どもたちが共に追求し学び合う満足感こそが、一人ひとりを、そして学級全体を高めていくのだということを私は実感として強く思う。そのことを、私は子どもたちからあらためて教えられたのだった。日常的な土台作りや〝耕し〟を粘り強く積み上げながら、きめ細かな教材研究や意図的なねらいや手立てを備えた授業をつくっていくことで、子どもたちの力を引き出し、新たな可能性を導くことができるのだと思う。そのためにも、教師は授業の中で、教材と子どもたちを真の意味で出会わせる専門家としての力量をもたねばならないのだろう。まだまだ非力な自分をかえりみながら、私もいつかはそういう本物の教師になりたいものだと強く願っている。

地域の人と子どもが出会う
――生活科、総合的な学習を通して学んだこと

大嶋奈津子

一　はじめに

総合的な学習には教科書がない。それはある意味では「自由」を意味するのだが、創意工夫がいることでもある。

多くの学校では年度当初に大筋のねらいを定め、それに基づいて具体案を学年単位で決めている。一〇五時間もの内容をどうつくるか、それを考えるのはとても大切なことだけれど、年度当初の忙しい中でそのことだけに時間を費やすこともできない。だから、学校によっては子どもの実態とは関係なく、「何学年は福祉を、何学年は国際理解を」というようにだいたいのことが決まっているところもある。「主体的に」ということで、子どもの好きなことをパソコンや図書資料で調べるという場合もある。

そんなやり方だから、保護者からは「総合って何?」「意味があるの?」「何をしているのかわからない」「先生は何もやっていないんじゃないの?」という声があがったりすることもある。

二　地域の中の埋もれた人とのかかわり

(1)「地域の人材を活用する」とは?

総合的な学習が施行され始めた数年前から、「地域の人材を活用する」ということはずっと言われ続けてきていた。そのための方策の一つとして、多くの学校では、何か特別な知識や技術を持ち、しかも大勢の子どもたちの前で講演したり講習したりしてくださる方を地域の中から探してゲストティーチャーとして招く、ということを試みてきた。また、学校行事に高齢者を招待したり、昔遊びを教えてもらったりするところも多くある。

私が勤務していた学校でもそんなふうだった。そうした場合、だれを招くか、学区の有力者のだれに頼むか、数多くの高齢者をどのように招待するか、ということにかなりの労力をかけ、気も遣う。それでも「私には声がかからなかった」というような人が出てきたりして、かえって地域の人との摩擦が生じてしまうことさえあった。

だから、一回の講演や講習の計画を立てるだけでもかなり大変なのである。それなのに、このやり方では「ゲストティーチャー一人に対して大勢の子ども」という関係にしかならないから、そのつながりは希薄なものに終わってしまう。子どもにとっても教師にとっても、そのときだけ燃えて、すぐに消えてしまうような関係やつながりになりがちである。苦労が多い割には報われることが少ないのだ。そういうことに、私はずっと疑問を抱き続けていたのだった。

(2)「地域の中の埋もれた人々」に魅力を感じる

特別な知識や技術を持つわけでなく、大勢の子どもの前で話すことも苦手な、いわば「地域の中の埋もれた人々」に、私が魅力を感じるようになったきっかけは、いまから数年前の一年生の生活科「シルバー住宅のお手伝い」の実践だった。

この年、学校では「地域の人とのかかわり」に重点を置くことが努力目標として掲げられていた。私は久しぶりの一年生の担任で、学年主任にもなっていた。しかし、私にとっては初めての取り組みになる生活科の内容を見ると、三学期に「地域の高齢者を招いて昔遊びをする」ということ以外に特に地域の人とかかわるものがない。どうしようかと悩んでいるとき、児童会などでお世話になっていた民生委員長さんから、「昨年この学区にはシルバー住宅というのができて、そこには高齢世帯の老人が五十人ほど住んでいます。高齢者の方とかかわった学習をしたいときは、そこの棟長さんを紹介しますよ」というお話をいただいた。学年の先生たちとも話し合い、二学期の「家のお手伝いをする」という学習を「シルバー住宅に行って家事のお手伝いをする」という内容に変えることにした。

当日は、約八十人の子どもを数人ずつのグループに分けて、それぞれのお宅に行かせた。先方では子どもにできるような仕事を用意してくださった。子どもたちは窓ふきをしたり、下駄箱の掃除をしたり、風呂の掃除をしたりした。どのお宅を覗いても、子どもと高齢者の方が生き生きと楽しそうに交流していた。このことがきっかけとなって、その後も高齢者の方と子どもたちとのつながりができていった。

この集合住宅には、そこに住んでいる方たちが集まり、カラオケをしたりクリスマス会をしたりして楽しむ集会ルームがあった。子どもたちはたびたびそこに出入りするようになり、そのときのことを楽しそうに話してくれたりするのだった。年賀状のやりとりもしていたらしい。

この実践を通して私は、「特別な知識や技術を持った人でなくても、大勢の子どもの前で話すことの苦手な人でも、何かの機会があれば子どもたちとのかかわりを持ってもらえることができる。子どもにとって一回だけのつながりではなく、親しくなるようなつながりを持つことができる」と思うようになった。昔の地域社会が当たり前に持っていた「人と人とのつながり」を、学校が仲立ちになってつくることができるのではないかと考えるようになったのである。

(3) 総合的な学習「伊勢湾台風調べ」に取り組む

翌年、私は四年生の担任になった。当時勤務していた学区は名古屋市南部の港の近くにあり、昭和三十四年の伊勢湾台風で大きな被害を受けた場所の一つだった。「四年生は総合で伊勢湾台風に取り組んで見たら」と言われたことがきっかけで、この学習に取り組むことに決めた。私も実は被災体験者の一人なのだが、もう遠い過去のことなので、当初はどちらかというと「いまさら」という気持ちの方が強かった。しかし実際に取り組んでみると、新たな発見が数多くあり、とても魅力のあるテーマとなったのである。

この学習では、体験者からの取材をメインにしたいと考えていた。進んで語り部になってくださりそうな人で、学校によく出入りしている有力者の方が何人かはいる。しかし前年の「シルバー住宅のお手伝い」の経験から、子どもと地域の「人と人とのつながり」を大切にしたかったので、そういう特別な方の講演という形にはしたくないと私は考えていた。それで、子どもたち自身が、近所の人や近くに住む親戚の人の中から取材に協力してくれる人を探してくることにしてもらった。学区が被災地ということもあって、多くの被災体験者を見つけることは難しいことではなかった。

しかし始めてみると、ある程度予想はしていたことだが、「学校で子どもに話をするのはちょっと……」と尻込みをする方が多い。大勢の子どもを前にして先生のように話すという、講演のようなイメージを持っているのだ。これは一つの壁であった。そこで、「大勢の子どもの前で話をするのではなく、五、六人の子どもたちに囲まれて茶飲み話のようにする」という趣旨のことを手紙や電話でお知らせして、納得してもらった。

結果として、約八十名の子どもに対して、自宅での取材も含めて協力してくださった方は五十名を超え、そのうち二十三名もの方が来校して話をしてくださった。来校の折には、せっかくの機会なので一人の子どもがなるべくたくさんの方から話を聞けるようにしたかった。それで、一人の人を囲んで話を聞く時間を約十五分程度にし、教師の合図で子どもたちが次に話を聞く人の場所に移動するという形をとった。なるべく異なる被災場所の体験を聞くことができるように、どの子がだれの話を聞くのかということは、あらかじめ決めておいた。

話をしてくださった人の中には、わざわざ一番被害の大きかった自分の出身校に行って資料を借りてきてくださった方もいた。涙ながらの話に、子どもたちは聞き入るばかりだった。冬休みには、それまでとは別の人のお宅にお邪魔して取材するように、という宿題を出した。三学期にも何人かの方に来校していただき、インタビューを中心に取材できるようにした。そして三月には、子どもたちが調べたことを壁新聞にまとめ、取材に協力してくださった人すべてに招待状を出して見ていただいたのである。

この実践では、いろいろなドラマがあった。

成績はよいけれど、気の弱い男の子がいた。この子のお母さんが後で次のような話をしてくださった。

「本当は、同居しているおばあちゃんが被災体験者なんですけれど、この子にそういう安易な探し方はさせたくないと思って黙っていました。でも、だれも見つけることができずに困って、先生に相談したら、シルバー住宅に行くことを教えてもらったと喜んでいました。そして、自分でインターホンを押してその住宅の人に交渉し、聞く人を探すことができたんです。あの気の弱い子が、そこまでできたなんて信じられませんでした。おばあちゃんのことを言わなくてよかったです」

お母さんの協力の仕方がうれしかった。教師と保護者との協力でできた「生きる力」だと思った。

次のようなこともあった。ふだんから指示通りのことができなかったり、何をやるにしてものんびりしていたりすることの多い二人の男の子がいた。取材に協力してくださる人を探すときもそうだった。「自分でちゃんと見つけるんだよ」と何度言っても「あっ、忘れた」と答え、別にあせるようすもない。たまたま私が出張だったあるとき、補充で入った先生が伊勢湾台風のことを話したのだろう。その子たちは、その先生が被災者であることがわかると、早速その先生に取材協力を頼んでしまったのだった。自分でインターホンをおして交渉した子に比べて全く安易な決め方である。取材メモを見ると、たった二、三行しか書いていない。一体これでどんな内容の発表ができるのだろうかと私は不安だった。

しかし、発表用紙に書き込まれた内容を見て、私は驚いてしまった。風で吹き飛ばされそうになった雨戸を押さえる様子や、雨漏りのためのバケツのことなど、メモには書いてなかったことが紙面いっぱいに描かれていたからだ。添えられた絵も実にリアルだった。たぶんその二人は、手振り身振りの話にひきつけられてメモをする暇もなかったのだろう。取材メモは二、三行だったが、頭に焼きつくほどよく覚えていたのだと思う。

子どもたちのやる気に押されて、私自身も伊勢湾台風についてもっともっと知りたいと思うようになっていた。当時四歳だった私だが、急に水かさが増し、浮き輪に入って逃げたという強烈な体験だったせいで、ばらばらな記憶ではあるが場面ごとの情景を鮮明に覚えていた。父母からも、屋根近くまで水に浸かった自宅のことや、避難生活の話を何度も聞かされていた。そんな体験を持つ私だったが、ふり返ってみると、これまで私の方から父母にくわしくたずねてみたことは一度もなかった。

しかし、子どもたちの取材学習が進むにつれて、私自身にもあらたな疑問が次々に生まれてくる。そんな疑問を父母にぶつけてみると次々に新しいことがわかり、そのうちにばらばらの記憶が筋の通った話としてつながっていった。もっと知りたくなった私は図書館に行き、当時の新聞記事や文献にも当たるようになっていった。初めは「いまさら」と思っていた私だったのに、伊勢湾台風をくわしく知ることが楽しくて仕方がないようになっていた。子どもたちと一緒に、教師である私も勉強を始めてしまったのである。たのしい経験だった。

壁新聞の展示会では、取材に協力してくださった方が子どもたちの壁新聞を見て、「話した通りに、上手に絵で表してくれた。本当にこの絵の通りだった」と感心してくださった。また、新聞に書いてあることを一緒に見ている子どもに説明してくださったり、当時のことを思い出して涙ぐんだりしていた方もいた。

この学習では「地域の中の埋もれた人」を子どもたちの手で探し出し、取材対象としたことで、「人と人とのつながり」を深めることができたと思った。ただ、この最後の「展示会」という発表の形式については、いくらかの不満が残った。というのは、壁新聞の展示ということで、子どもがみんなの前で話す機会を十分につくれなかったからである。今後はぜひとも子ども一人ひとりが話す発表の機会をつくってみたい、と私は思った。

(4)「戦争調べ」を通して

その後、六年生の総合的な学習で「戦争調べ」に取り組んだときも、伊勢湾台風の実践と同じように、子どもが自分で近所の人や知人の中から戦争体験者を探すことから始めた。そして満州からの引き揚げ、空襲体験、軍艦での体験、疎開生活、特攻隊など、様々な体験者が来校してくださり、複数の方から話を聞くことができた。

悲しい体験を思い出して言葉に詰まってしまった人を、子どもたちは涙ぐみながらじっと見つめていた。体験を書いた文章を持って来て読み聞かせのように読んでくださった人もいた。子どもたちがメモしているのを見て、何度も何度も同じ言葉を繰り返して言ってくださる人もいた。何と言っても高齢者の方ばかりだ。当日はどうしても来られないからと、ノートにぎっしり書いた体験談を子どもに預けてくださった人もいた。

戦争で「何百万人が亡くなった」という数字を聞くだけでは、その悲惨さは実感として伝わらない。しかし体験者の方が、決して上手でなくても、とぎれとぎれでも心から話してくださること、そのことが大切なのだ。自分の体験を話したいという強い気持ちが子どもに伝わり、結局はその悲惨さが子どもにもわかるのだと思った。それが「人と人とのつながり」なのだ。

この実践では、「伊勢湾台風」の反省から「一人で発表する」ことにも挑戦してみた。だが、残念ながら、それを子どもたち全員にとって十分なものにすることはできなかった。グループ発表しか経験してこなかった六年生にとって、「一人での発表」というのはかなりの負担になったようだった。膨大な資料を整理しきれなかったり、声が小さくなったり、早口で話したりした子どももいて、十分満足なものにすることはできなかった。

三　子どもに感動する地域の人に出会う
――第二学年生活科「つたえたいね、まちのたから」の実践を通して

(1) まちのたからが見つかった
何回も探検に行かせたい

その翌年、私は二年生を持つことになった。この年、この学校では秋の学習発表会を生活科と総合的な学習で取り組むということが決まっていた。名古屋市の生活科のカリュキュラムによると、二年生の二学期には「まち大すき」(二十六時間完了)という単元で地域探検が計画されている。「つたえたいね、まちのたから」という題は、その中の発表学習につけられていた小単元名だったが、私はこれが気に入ったので全体の単元名にした。

この単元では、以前研究会の仲間が、学区にある古くからの商店街を調べる実践をされていた。私もできればそういう実践がしたいと思っていた。しかしこの学区には十年ほど

前に大型総合スーパーが作られ、古くからの商店街のようなものは衰退してしまったらしい。そして、二年生は毎年そのスーパーに学年単位で見学に行くことになっていた。

だが、そこに例年どおり団体で見学に行くというようなやり方では、人とのかかわりはつくれない。学年全員で行けるような商店街があれば、みんなで一緒に行き、そこで分かれて自由に見学するということも可能なのだが……と思って、私は夏休み中も学区を回っていろいろ探してみた。大通り沿いには商店が並んでいるが、金融関係の店やパチンコ店などもあって、子どもにとって適切な商店街とは言えなかった。

他校では、何か所かの協力場所を依頼して決め、手の空いた教師や保護者の応援を得て安全面の配慮をし、小グループで探検させているところもある。しかしこの方法には弱点がある。日時調整に多くの時間と労力をかけることになるので、何度も探検にでかけるのは難しいからである。一回だけ、しかもグループで行う探検で、子どもたちにどんな力がつくというのだろうか。

これまでの経験から、私は、子どもたちには何回も探検に行かせることが大切だと考えるようになっていた。一回の探検で子どもが興味を持つところは一人ひとり違う。ある子は商品の配列に目がいき、ある子は人の働く様子に目がいき、ある子はその立地場所に目がいく、となるはずだ。一度探検に行き、そこでつかんだことを友達と交流し合い、また新たな課題を持って探検にいく。そういう探検をさせたいと私は考えていた。

学区地図を眺める

見学するのに適切な商店街はどうしても見つからない。大型スーパーに行くしかないのだろうか。何か手はないのだろうか。半ばあきらめの気持ちになりながら、私は学区詳細地図をながめていた。ふと、地図のまわりに掲載されている広告の欄に目がいった。洋菓子店、理容店、生花店など、子どもにも親しみのある店が掲載されている。豆腐店もある。

そういう視点でもう一度地図の方を見ていった。すると、子どもたちのよく行く駄菓子屋がある。所々に昔からあるだろうと思われる店もある。中小工場もたくさんある。公営プールも公園も畑もだ。魅力のある場所が学区のあちこちに点在している。そう思うと、なんだかとても素敵に思われてきた。これならきっと、子どもたちの家の近くによく行く場所や親しみのある場所があるはずだ。それは子どもにとって「まちのたから」として自慢できるような場所であるはずだ。そう思った。そこは先生が決めた場所ではなく、グループのだれかが決めた場所でもなく、自分の見つけた自分だけの場所になるはずだと思った。

自主学習で探検させる

自分の見つけた自分だけの場所を探検する、というのではあまりにもばらばらになりすぎるので、学校から出かけるわけにはいかない。そこで、計画や準備、交流は学校で行うが、探検については授業後に家庭での自主学習とすることにした。そのために、このあとは家庭や探検場所への詳細な手紙を何枚も出すことになった。

(2) 重点を置いたこと

取り組みにあたって、私がとくに大事なこととして念頭においたのは、次のようなことである。

「一人発表」に挑戦する

「伊勢湾台風」の実践では壁新聞の掲示にとどまってしまった。「戦争調べ」の実践では一人で発表をさせたものの、一人でやり抜く力をつけてやることができなかった。だからこの生活科の実践では、初めから「一人で発表をする」ということを明確にしておいた。もちろん、二年生ができる範囲の一人発表である。そのために、自分の取材したい場所を決めるときから、きちんとした理由を持って決めるように気をつけさせた。「よく知っているから」とか「よく行くから」という理由でないと、一人で発表することに結びつかないと思ったからである。

計画的に行う

発表の場は、二学期に全校行事として取り組む学習発表会だ。そのためにも行きあたりばったりではいけない。学年の先生が協力しやすいように綿密な案を立てる必要があった。学年の先生方も、保護者や取材協力場所（交番、公園、店、工場など）への手紙、名簿作りなどの作成や印刷などを細かに手伝ってくださった。

一人ひとりの個を明確に

前年度までの実践は、地域の方からの体験の取材が中心の学習であったので、子どもたちは体験者の話に共感し興味を持って取り組むことができた。ただ、一方では同じ体験者の方の話をまとめた子どもの発表内容が似通ってしまう傾向も出てきた。原因は次のところにある。

・五、六人のグループで、体験を話す人を囲んで話を聞いた。
・体験談が子どもたちの実体験とはかけ離れている。
・話す人が話の内容を決めるので、子どもたちは受身にならざるを得ない。

そこで今回は、どうすれば一人ひとりの個を明確にすることができるか考えた。そのために次のようにやり方を工夫した。

・取材に行く場所は、近くにあったり、よく知っていたり、よく行ったりする場所にする。
・学校からみんなでいっしょに取材に行くのではなく、授業後に自主学習として取り組むようにし、必要に応じて何回でも行く機会を設けることができるようにする。
・友達どうし、できるだけ同じ場所にならないようにする。
・なるべく友達と一緒に行かずに、一人で取材に行くようにする。
・インタビューの内容は自分一人で考えるようにする。そのための時間を授業でとる。

（3）見つけた場所はまさに宝庫だった

探検する場所を自分で見つけよう

九月初め、学年の子どもたち全員で「学校の近くにある店や工場や畑や公園を見つけよう」ということを目標にして探検に出かけた。そうした目標を持って出かけると、子どもも私もよく歩いているところのはずなのに、「こんな所に、こんなものがあったんだ」という新たな発見ができて楽しかった。家の近所でも、取り壊されて空き地になると「ここに何があったのだろう」と思い出せないことがよくあるが、それと似ている。そのくらい地域のことというのは知っているようで知らないものだ。

「みんないっぱい見つけて楽しかったね。自分の家の近くでもこういう場所をたくさん見つけてきてね」と言って探検プリントを宿題にした。その場所について自慢したいこともあったら書いてくるようにと指示した。あとで子どもたちが書いてくれたプリントを見ると、「このとこや（床屋）はおかしをくれる。ビデオを見せてくれる」「この店はおかしがやすい」「弟がよごしても、走って持って行けるクリーニング屋」「水道がつまったときになおしてくれた水道工事店」など、店の工夫もわかり、子どもとの結びつきもわかるものがいくつもあった。

まず、それらを発表しあい、自分の見つけた店の中からみんなに自慢したかったり、もっと探検したかったりする場所を一か所だけ選ばせた。そして、子どもが書いた「お願い」の手紙や保護者や探検場所宛の私からの手紙、「たんけんして見てきたこと、わかったこと」をメモする探検プリントなどをセットにして家に持ち帰らせた。保護者宛の手紙には、保護者の近所づき合いなどや探検場所の都合によって、場所を変更する場合もあることを書いておいた。

マニュアル化の弊害

大型総合スーパーの人から電話があった。

「何人かの子がばらばらと手紙を持って来ているのですが、こういう学習の場合は学校から団体で申し込んでもらえば、担当者が説明できるので、そうしてください」という内容の電話だった。ここに手紙を持って行った子は十名で、それぞれ自分の興味のある専門店や部門の店員さんに渡したのだったが、そこからスーパーの管理部門に連絡が入ったらしいのだ。私は、「今回の学習は子どもが自分で店の様子を観察したり、店員さんに質問したりするもので、特別に説明を求めるものではありませんから」という話をした。係りの人からは「他の学校は、団体で来るから担当が説明できるんですよ。団体で来るときは写真撮影も許可しますが、個人で来るのなら撮影はお断りします」と言われた。それでも学習への協力は特別に許可してくれた。
総合的な学習でも生活科でも社会科でも、地域学習が取り入れられるようになってきたので、いつも見学に来られるところはマニュアルを用意するようになったのだ。そういう場所では「だれがどのくらいどんなことを説明して、最後にはいくつか質問を受ける」というようなことが決まっていた。大変〝親切な〟対応で、ほとんどの学校にとってはありがたいことなのだろう。しかし子どもにとっては「全員同じ説明を聞く」という、全くの受身の学習になってしまう。これでは私の考える「人と人とのつながり」を求める地域学習にはならないと感じていた。

まさに「宝庫」

学年九十六名の子どもたちが探検させていただくことになった場所は、五十二箇所にもなった。一覧表にしてみると、まさに「宝庫」という気がした。
大型総合スーパーでは「おもちゃ売り場」「食品レジ」「ハンバーガーショップ」「リサ

イクルショップ」「靴店」「鮮魚店」「中華料理店」「ドーナツショップ」。他には、食料品スーパー、コンビニ、ケーキ店、駄菓子屋、喫茶店、お好み焼き店、うどん店、クリーニング取次店、たばこ屋、一〇〇円ショップ、カーディーラー、生花店、ガソリンスタンド、理容院、美容院、工場、薬局、病院、公園、学童保育、交番などが決まった。子どもの話によると、交番のおまわりさんは、「お願い」の手紙を持って行ったときに一時間ぐらい丁寧に説明してくださったそうだ。タオル工場に行った子はコンピューターで図柄を描くことも体験させていただいた。工場の方はその様子をデジカメで撮影して、子どもに持たせてくださった。

子どもたちがよく行く駄菓子屋があった。ここは、子どもたちが金銭や物のやりとりをして生活指導上何か問題になったときによく名前が出てくるところで、私はあまりよい印象を持っていなかった。しかし、子どもたちの書いた「お願い」の手紙を店の表の目立つところに掲示してくださったというのだ。あらためて子どもたちとの深い結びつきを感じさせられた。この駄菓子屋は、大型総合スーパーの前に一枚一〇〇円のお好み焼き屋も併設して、駄菓子屋としては珍しく三十坪ぐらいの大きさでデーンと建っていた。もう一つの駄菓子屋は、昔はたばこ屋だったのを改装し、十坪ほどの店内に子どもたちの買えるような駄菓子を並べていた。このあたりは共働きの家庭が多く、お金を持ち歩く子どもたちが多かったから成り立っていたのだと思う。駄菓子屋にとっては昔も今も子どもは大事な顧客なのだ。

また、学区には、ここ二、三年のあいだにコンビニが十店以上もできており、それらを選んだ子どもは十七名にもなった。子どもたちにとってコンビニも親しみのある店なのだ。

（4）ミニミニ発表会で交流し、次の課題を作る

一回だけの探検ではかなりの個人差が出てくる。探検場所の人がどう対応してくれるかによっても違うし、子どもの能力によっても違ってくる。ただ漠然と店の中の様子を見てメモしてくる子、商品の値段を調べてくる子、店のまわりの様子を見てくる子など、様々である。

ここで必要なことは、子どもどうしをつなげる交流である。友達の発表を聞いて触発され、次の課題を持つことができるということもあるからだ。そこで十月上旬に、まずは第一回目の報告会を行うことにした。本番の発表会は十一月だから、今回はとりあえず「ミニミニ発表会」と名づけた。

T君はコンビニA店の探検をした。素直なかわいい子であるが、字を書くのは苦手だ。しかし絵は得意で、探検プリントにも絵ばかり描いてあった。発表用の画用紙にはコンビニの看板と、隣にある駐車場とバス停を強調して描いていた。その子が書いた発表用の文章は次のようなものである。

A店に、いろいろなものがうっています。おかしやおにぎりもパんもさんどいっちとおでんとまんじゅうとアイスとらいたーとほんとジースやこうりとラーメンとノートをうっています。おかあさんがたばこをかってきてっていって、ちかくにあるA店に、たばこをかってきます。ぼくはこの、A店がいいと思いました。（店名以外は原文のまま）

書いてある品目は自分と密接なつながりのあるものばかりである。そこが笑えるぐらいかわいいところであるし、子どもと店とのつながりを感じるところでもある。

K君は、発表文に「おねがいの手紙がはずかしくてなかなかわたせなくて、わたす時どきどきしたけれど、うけとってもらえた時はうれしかった」と書いていた。実は、この子は、「お願いの手紙を渡していない人?」と私に毎日請求されるたびに、しょぼんとした顔をしてうなだれていたのだ。毎日のように行くコンビニB店なのになぜ早く渡さないのだろう、すぐに忘れてしまうのだろうか、と思っていた。K君は、発表文を書くとき鉛筆を口に加えながら一生懸命考えて書いていたのだが、「お願い」の手紙を渡すときのことが書きたかったのだろう。忘れていたわけでなく、毎日毎日渡そうと思ってはいたけれど勇気を出せなかったのだ。「渡さなければいけないけれど、はずかしくて渡せない」というジレンマに苦しんだK君の、渡すことができたときの喜びがいかに大きかったかということがわかった。渡さないという現象だけでは子どもの内面をとらえることはできないと思った。こういうドラマは、学校から団体で行ったりグループで行ったりする活動では生まれ得なかったことだろう。一般の大人の世界では忘れてしまっている「どきどき感」が、子どもの世界にはたくさんあるということをあらためて感じさせられた出来事の一つだ。こうやって人と人とのつながりを学んで行くことが大切だと思う。

この発表会では、聞いている子に「友だちの発表を聞いてよくわかったこと、その探検場所のよいところ」をメモさせた。そうすることで自分の次の課題が持てると思った。案の定、発表会のあとで「今度行ったらどんなことを探検したいか計画をたてよう」というプリントを配ると、子どもたちは「ようし」と意気込んでいろいろなことを書いていた。

(5) クイズで底上げ

二度目の探検では、「コンビニC店の一日のお客は九〇〇人から一〇〇〇人」「この会社で働いている人は十二人」「事務所のソファーの色は茶色」など、前回より具体的な内容が出てきた。また、コンビニB店の店長さんは、「どうしてこの店をやろうと思ったのですか」と言う子どもの質問に「やりたくないけれど、生活のために仕方なくやっている」と答えたそうだ。私は「本音の生活感があふれているなあ」と、わくわくしてきた。しかし、子どもの中には「ようし」と意気込んでいたにもかかわらず、なぜかそんな計画は忘れて前回と大して変わりないことを探検プリントにメモしてくる子もいた。

こういう子たちをどうするかが私の次の課題となった。子どもたちの調べたことの中から私がクイズを出してみようと思った。「コンビニC店のお客の数は一日何人?」に対して「九〇〇人から一〇〇〇人」という答えには、子どもたちが大変驚いた。「おれもクイズ出したい。だけど、あまり探検していないからくだらん問題しかできん。先生、今日行ってきていい?」とさっそく声が上がった。次の探検プリントを渡した。クイズ作りやクイズ大会は発表会準備と並行してその後何回も行ったが、「とっておきのクイズは本番で」と言ってずっと内緒にしてとっておいた子どももいた。

(6) 個性あふれる子どもたちの探検

コンビニB店を探検したF君は、お客さんの数は一日一九〇人程度と聞いてきた。B店というのは前述の「やりたくない」店長さんの店である。このB店とA店とC店との違いがおもしろかった。

F君はB店を選んだ理由として、「いつも遊ぶ公園に近いから」とミニミニ発表会で話していた。なるほど、そこの立地条件は、児童公園の近くの住宅地の中というだけで大通りには面していなかった。初老の夫婦だけで経営している二十坪ほどの店内の奥には、ビールも置いてあったが、明らかに子ども向けの菓子が多いのだ。もちろん駐車場もないし、店の前にはいろいろなものが雑然と置かれている。子どもの作ったクイズによると、一番よく売れるのはビールなのだそうだ。私は、たぶん「売れる」のではなく、初老の店長さんが「儲かる」というのを聞き違えたのだろうと思っているのだが。

一日九〇〇人から一〇〇〇人というC店は大通り沿いで、駐車場も広く、外見もすっきりしている。子どもの調べによると店員の数は延べ二十人だという。このコンビニを探検したH君のお母さんは、子どもの探検の様子がおもしろくていつもついて行ったそうだ。店長さんもH君の様々な質問に（子どもというのは、おもしろいことに興味を持つものだなあ）と感心したとのこと。中でも、「看板の色は何か意味があるのか」と質問されたときには、自分もわからなくて本社の担当の人に調べてもらったそうだ。「オレンジは太陽、青は海、というような地球の自然の色を意味する」という答えには私も驚いた。

別のコンビニA店を描いたT君の絵からは、バス停の近く、マンションの一階など、その立地条件のよさがよくわかった。

うどん屋を探検したS君は何をするにもスローペース。一回目も二回目もなかなか探検に出かけず、お母さんも私もやきもきしていた。クイズを作るころになってようやく出かけたのだったが、探検プリント二枚では足らなくて、自由帳三ページにわたってメモしてきていた。お母さんの話によると探検場所に三時間ぐらいいたらしい。

M君は、大型総合スーパーの中のお母さんが勤めている靴専門店にしたのに、探検プリントを持って探検に行くことをなかなかしない子だった。朝、お母さんと「今日、探検に行く」と約束しても、友達と「一緒に行こう」と約束しても、家に帰るとすっかり忘れて公園に遊びに行ってしまうのだ。そんな状態だったが、なにしろ探検場所であるお母さんの勤務先には何度も訪れているので、ミニミニ発表会の準備やクイズの材料には事欠かなかった。絵を描くときは「ここに棚があって、ここに靴が置いてあって」とつぶやきながら、実に楽しげに書いていた。クイズも「鏡は何こあるのか」「両替できるか」など、今までの体験の中でわかっている知識で作っていた。そのM君が、発表会の文章に「店長さんはやさしいのでぼくは大好きです」と書いていた。私が「どういうところがやさしいのか書かないと、みんなにわからないよ」と言うと、「お母さんが咳をしていると『休んでいいよ』と言ってくれる」と書いてきた。探検場所にわざわざ出掛ける必要がないほど知り尽くしていたのだ、と思った。

(7) 招待状も掲示してくださった駄菓子屋さん

子どもたちの作った学習発表会への招待状と、教師の作った案内状を探検場所に届けさせた。参加を予定してくださった方は二十七名だった。平日にもかかわらず予想以上の数で、うれしくなってしまった。「お願い」の手紙を掲示してくださった駄菓子屋さんは招待状も掲示してくださったと、子どもから聞いた。私たち担任がその店に行って来校予定の店長さんに挨拶をすると、「せっかく調べてくれたので、お菓子の引換券をあげようと用意したのですけれど、あげてもいいでしょうか？」と九名一人ひとりの子どもの名前が書かれた引換券を見せながら聞かれた。こちらとしては「調べさせていただいた」という気持ちなのに、とてもうれしかった。隣にある大型総合スーパーには毎年子どもたちが団体で訪れるのに、この店にとっては、そういうことは初めてだったのだ。店の人が子どもたちの学習の様子に感動してくださったのだと思った。と同時に、子どもたちは大切な顧客であることもあらためてわかった。

(8) 学習発表会の題がおもしろい

発表用紙として、四つ切り画用紙を三枚わたした。うち二枚は探検場所の様子がよくわかる絵を描き、残りの一枚には題名と名前を記入し、紙芝居風に発表することにした。

題名には探検場所の名前を必ず入れることと、自分にしかできないようなものになるように工夫させた。中には「車をたすける○○ガソリンスタンド」「わたしたちの大すきな町をまもってくれるけいさつさん」「おかしもおもちゃも売っている○○」「さんぽもあそびもできる一ばん楽しい○○公園」「（髪を）切りにいったらおかしがもらえる○○（理容店)」など、キャッチコピーにしてもいいようなものもできた。発表グループや発表順は、招待客と保護者の都合や、発表の声の大きさや自信のありなしで教師が決めた。

(9) 大人も一緒に楽しんだ学習発表会

十二名ずつを一グループとし、一人三回おこなった。一、二回目は子どもが聞き手、三回目は保護者や招待客向けであった。そして、三回目だけは一人四、五分の持ち時間としたが、これは一、二回目の倍の時間だ。クイズの数で時間調整することはもちろん、教師から質問したり参観者からの質問を募ったりすることで時間調整をすることにした。「そういうことは初めてだから」と心配していた同学年の教師も、「私が質問すると、すらすらと答える子がいたり、もごもごする子がいたりして、結構おもしろかったです」と、あとで感想を言ってくれた。

また、参加した保護者の方も、子どもたちの出したクイズに正解が出ると「よっしゃあ」なんていう声を上げたり、当事者の店の人がうなずいたり首を振ったりする反応を見てクイズに答えようとしたりして、とても楽しそうだった。また、一日のお客さんの数や、一日に焼くお好み焼きの枚数など、大人から「へぇー」という声も上がるようなクイズも多くあって楽しめた。

その他、「人とのかかわりが持てないから」ということで私が心配していた公園探検の発表もなかなかおもしろかった。「ベンチはいくつあるか」というクイズで、指を折って真剣に数えている保護者の方や招待客の反応を見ると、ここでも立派に「人とかかわる」ことができたと思えた。

招待客の方は全部で十七名来てくださった。あの大型総合スーパーの食品レジの、たぶん責任者であろうと思われる方は、自分の世話した子は一人だけだったが、他の子の発表もずっとにこにこして見てくださった。わざわざ休暇をとって来てくださったのかしらと心配になったりした。

ドラッグストアの店長さんは、探検した子が二名いたので、二時間ずっと教室にいてくださった。一人の子は処方箋のことや薬の並べ方について発表していたが、もう一人はお菓子について発表していた。子どもの個性によって全く違うお店のように感じる発表が、店長さんにもおかしかったのだろう。にこにこして聞いてくださった。

うどん店に三時間もいて探検プリントにびっしり書いたS君。そのときはお母さんもついて行ってあれこれ質問させたようだった。しかし、発表内容はというと、算数の大好きなS君らしく、椅子の数、テーブルの数、店員の人数、値段など、数字に関係のあるものばかりだった。後でお母さんが「お店の工夫などもいろいろ説明していただいて、プリントに書いていたのに。やっぱりうちの子の興味は数字なんでしょうか」と苦笑されていた。

総合的な学習では「一人ひとりの興味を持つことを選択して」ということがよく言われる。このことの受け止め方は難しい。下手をすると多方面に広がりすぎて、指導しにくいのだ。反対に限定してしまうと、興味のない子にとっては意欲のわかないことになる。

(10) 店の方の感想

発表会に参加してくださった店の方の感想をいくつか紹介しておこう。

○生活科学習の発表会に参加させていただき、大変ありがとうございました。子どもたちが真面目に一生懸命発表してくださる姿に感動し、感心させられました。とても可愛いですね。きれいな生命でそのまま素直に子どもの目から見たそれぞれの町のお店の情景が見えたように思います。せっかく発表してくださったお店の人達が行かれてない方が多かったのではないかと少し残念ではありました。毎日のように起きている事件、事故、いやなニュースばかりの昨今です。学校と地域がもっと密着し協力しあったらふせげる事件事故もあるのではないかと思います。これからの時代をになう子どもたちを少しでも守ることができればうれしく思います。またこのようなチャンスがありましたらぜひ参加したいですね。大変ありがとうございました。（クリーニング取次店）

○先生、どうもありがとうございます。小学校に行ったのも、子どもの学校に一度行ったきりで、何十年ぶりかで本当に楽しかったです。お店のPRもしていただきよかったです。学習を見させて頂きますのも、大変かとは思いますが、二、三ヶ月に一度ぐらい何かを行ってください。学校に行っている子どもがいませんが、見させていただきます。（コンビニD店）

○とても楽しい時間を過ごさせていただきました。子どもさんの目線が店等をこんな風に見ていてくださっていると思ったら、もっとがんばろうという気になりました。絵が上手に書いてあったり問題を考えたりと、皆さんの前で発表されるしっかりとした二年生を見ていたら私の方が圧倒されてしまいました。これからも気軽にお店にも遊びに来てください。学校の様子なども教えてくださると、今どんな学校なのか知ることができると思います。Aちゃん、ありがとうございました。（駄菓子屋B店）

○今回の発表を聞かせていただき、大人が見ている所とお子様が見ている所の視点の違いを感じることができ、勉強になりました。今後もこのような機会がありましたら、協力させていただきます。ありがとうございました。（ドラッグストア）

○二年生の子どもたちが、お店について上手に発表してくれました。お店に何度も来店し色々なことを質問して、子どもの発想の豊かさに驚きました。大人にはない素朴な疑問など、これからも心豊かな子どもでいてほしいと思います。（コンビニC店）

○工夫がされており会社の者としてもよろこんでおります。こちらがお話ししたことをきちんとまとめられておりました。クイズ方式で発表された点は特に注意力を引きつける方法でおもしろかったです。（配送センター）

（11）まとめ

最後に、この間の一連の実践を通して私が学んだこと、あるいは今後の課題としたいと考えていることを簡単に整理して、結びとしたい。

①自分で探すことが大切

教務主任から「探検場所の名簿を残しておいてください」と言われた。確かにそういうことも必要だ。ただ、この名簿をそのまま再び二年生で使うとしたら、仮にそれが私であっても、そのときは今回の実践には及ばないものになるだろう。

「伊勢湾台風」のときも、「戦争」の取材のときも、今回も、子どもたちは自分で取材する人や探検場所を探した。その利点は「自主的な活動になること」「かかわりが深まること」「より個別的になること」「何度も聞いたり行ったりできること」だ。

先生が連れてきた「偉い人」の話を聞くというのでは、子どもがその人に親しみを持つことにはならない。それはあくまでも一人対多数の関係であり、先生の代わりに別な人の話を聞くということでしかないからである。また「いくつかの探検場所を教師が紹介して」というのも、子どもにとっては与えられたものになってしまう。

②題材について新しい発見をする

「伊勢湾台風」のときも、被災体験者の私でさえ「何を今さら、もう過去のこと」と思っていたのに、調べていくとどんどん新しいことが見えてきて本当に楽しかった。今回も、店の広告が掲載されている学区地図を穴のあくほど眺めていたら宝が埋もれていそうな気がした。それで、子どもたちに自分の家の近くを掘り出してくるように言ったら、ちゃんと掘り出してきてくれた。だから、私にも学区の宝がはっきり見えるようになったのだ。地域に根ざした題材というのは、生活科や総合的な学習にとっては特に必要なことだと思う。

③本当の意味での地域の人とのつながり

探検場所になってくださった方の感想を読むと、学校に関心を持ち、「機会があれば学校に来たい」「また子どもに来てほしい」「学校に協力したい」という内容が多かった。また、子どもの視点の素朴さに感動している内容も多かった。そして、ほとんどの方は、子ども一人ひとりの名前を覚え、私たち教師と話すときも「〇〇ちゃんが」と、固有の名前を出していた。

私は初め「古くからの商店街がないから」「大型総合スーパーがあるから」と、半ばあきらめの気持ちになっていた。しかし学区にある「宝」に気がついたとき、今までとは違った見方ができるようになったのである。小さい個人商店の人が「子どもたちの発表を聞いてがんばろうという気になった」なんて書いてくださるのを見ても、こういう「地域の人とのつながり」をふやしていくことこそが、今の生活科や総合的な学習で必要なのだという気がしてくる。

実家の父は八十歳で、一人暮らしである。だから学区の小学生や中学生から敬老の日のお手紙や学校行事への招待状がよく届く。総合的な学習の一環なのだろう。差出人は毎回違うし、顔も知らない。実家の郵便差しに義理のように入れられているそれらを見ると、私は「違う、違う!」と叫びたくなる。父は義理堅いから返事はすぐに出すが、相手の子どもの名前は覚えていない。「学校には地域の偉い人が出入りしているだけだから、行事の招待状をもらっても行く気がしない」とも言う。父も埋もれている人の一人である。こういう人と子どもをもっとつなげたい、と私は思う。

本当の意味での「地域の人とのつながり」というのは、地域の人がそれぞれの子どもに実際に出会い、子どもの素朴さに感動しなければ、簡単にはできないと思う。「地域が子どもを育てる」ことを求めている今、学校では生活科や総合的な学習を通して、本当の意味での地域の人とのつながりを持つような取り組みをしていかなくてはならないと思う。

④学年での連携

生活科にしても総合的な学習にしても、学級ではなく学年としての取り組みになることが多い。その場合、学年の先生と協調することはとても大切だ。またそういう学年構成でないとこの取り組みはできない。その点ずっと私は恵まれているからありがたい。本当にいろいろな先生にご迷惑をおかけしたと思う。

⑤生活科と総合的な学習との関連（私の場合）

地域とつながるという点ではどちらも同じである。総合的な学習では自分の実体験にはなかった話を通して子どもたちの世界を広げ、またそれを話す地域の人に感動して人の生き方についても考えさせることができた。生活科の場合は、見たり聞いたりしたことを他の資料と関連づけて考えたりまとめたりして発展させる、という必要はないように思う。子どもたちが地域を発見し楽しむことができ、地域の人も子どものよさを発見できればそれでいいのだと思う。

今後は、総合的な学習で子どもたちが地域の人と直接知り合い、地域の人が子どもの素朴さに感動するような実践をしていきたい。

⑥三年生の学習とのつながり

三年では社会科の学習で工場見学がある。普通は大工場に行くことが多い。そういうところは見学コースが決められていて、マニュアルもしっかりしている。しかし、そういう工場に見学に行くのではなく、一クラスぐらいを受け入れてくれるような規模の、地域にある工場見学にしたいと思う。事前に安全面や内容を打ち合わせして、一人ひとりの子どもの興味に沿った見学にできたらいいと思う。

また、総合的な学習では地域にある小規模小売店を中心に学習し、社会科では大型総合スーパーを学習しというように、その違いを調べていくこともできるだろう。さらに、「コンビニ比べ」だけでもおもしろいかもしれない。今回の実践は二年生だったから、それぞれの違いにまで目を向けることはなかったが、絵やクイズの中ではお客さんの数や立地条件の違いがかなり明確になっていた。三年生以降なら仕入れや品ぞろえ、陳列にまで目を向けさせることができるだろう。

四　おわりに

今年度は三年生の担任になったので、場所の探検というよりもさまざまな技術や専門をもった人材（「名人」と呼ぶことにする）の探検を目指している。人とのつながりをより一層明確にしたいのである。親切にマニュアル通り教えてくれる「名人」が、子どもの素朴な疑問に感動し、マニュアルで対応できなくなってしまうような実践をしていきたい。そして、その素朴な疑問が、実は奥深いことにつながる大切な疑問であるのだという驚きを、「名人」と私が共有できたらと思う。それこそが、子どもと「名人」がつながり、またそれを通して「名人」と私がつながるという、「人と人とのつながり」になると思うからである。

子どもたちをめぐる様々な事件が起こるこんな時代だからこそ、「地域の人たちが子どもを守り、育てる」という実践をこれからも続けていきたいと思う。

「壁倒立」で学級づくり

――体育を中心とした学級づくりの取り組み

松永明裕

はじめに

毎年、担任を繰り返していて年度末に思うことがある。それは、クラスの中に「本当の意味で出会うことができなかった子」が何人もいたなということである。ぼくがそう感じるのは、あまり目立たない、少しひかえめなタイプの子たちに多いようである。そういう子たちとはなんとなく一緒に過ごして年度末をむかえ、そして別れてしまうのだが、そのことがいつもぼくの心にひっかかっていた。

しかし、体育の取り組みに力を入れ始めた最近の二、三年間はそれがなくなってきたように思う。体育にはクラスの子どもたち全員と、とことん向き合って関わっていける良さがあると思うのだ。昨年度に担任した六年生と「腕立て台上前方転回」に夢中で取り組んでいたときに、ぼくは特に強くそのことを感じた。高学年というと今までは、ぼくからなんとなく距離をとる子もけっこういたように思うのだが、昨年度は体育の取り組みの中で「自分は子どもたちとピッタリ寄り添えている」と、そんな気持ちになれたのだった。

そこで、今年度の四年生では、年度当初から体育の取り組みを通して、クラスの子どもたち全員と体当たりで「出会う」ということを意図的に試みようと思った。また、どのクラスであろうときっといる問題を抱えた子たちに対しても、体育の課題を突破させるということに取り組ませ、その子たちが力をつけ成長していく中でとことん向き合ってみたいと思った。一年を通して体育の取り組みを中心におき「子どもたちと本当の意味で出会い、子どもどうしをつなげて学級をつくり、そして鍛えていく」ということを目標にすえて、新年度のスタートを切ったのだった。

一学期「壁倒立」の取り組み

（1）年度初め、子どもたちとの出会い

ぼくのクラスには、問題を抱えた子が三人いた。Iさん、Tくん、Sくんである。特に

その中のIさんとは、それまでにも学校の中でぼく自身、何度か話をしたり関わったりしていたこともあって、かなり様子がわかっていた。

Iさんといえば、強烈に思い出すことがあった。この子がまだ二年生で、校内持久走大会の日にぼくが話しかけたときのことである。Iさんは、自分の同学年のお友達が走っている最中に、一人不機嫌そうに校庭の隅の配電盤をバンバンたたいていた。ぼくは、(小さな二年生が、みんなと一緒に走りもせずに何をしているのだろう)と思い、「どうしたの？　体の調子でも悪いのかい」とやさしく話しかけた。するとIさんは、「うるせぇー、むかつく。おまえは関係ないんだよ」と言い放ち、配電盤を一層激しくたたき始めたのである。ぼくは、二年生の小柄な女の子の口からいきなりそんな言葉がとび出たのと、あまりに激しい毒づき方にびっくりしてしまった。その後も、職員室で何度となくIさんの行動の様子は耳に入ってきたのだが、やはり「指導がとても難しい子だ」とのことだった。

そのIさんを、今年度はぼくが受け持つこととなったのである。ひと月ほどIさんと一緒に過ごすうちに、一層Iさんのことがわかってきた。

まず、ものすごいわがままであった。教師に否定されることを一切受け入れることができないようだった。ちょっとでも「ダメ」と言われると、教室から出て行くか、キレた状態になる。また、少し問題を間違えただけで、決まって「つまらない」と言って勉強を止めてしまう。そして、嫌いな教科や苦手な単元の授業はほとんど受けずに、好き勝手に「お絵かき」をしていることが多かった。なかでも体育は大嫌いで、半分も参加しなかった。さらには、非常に気に入らないことがあると担任を上目遣いでにらみ、すさまじい毒舌をまくしたて、決まって足をどんどん踏みならして地団駄を踏んだ。それが最初の頃のIさんの姿だった。

ところで、問題を抱えた子として先にあげた他の二人、TくんやSくんの様子はどうだったか。

Tくんは不登校傾向が強く、とても欠席が多かった。TVゲームで夜更かしをして毎日のように寝坊し、気が向かないと欠席してしまうのである。これは、本人の怠惰と親の過保護の両方が原因だと思われた。また、友達との関係をうまくつくれずに、すぐに「……された」とぼくに訴えてくる。クラスでナンバー・ツウの肥満体で、体育は苦手であった。

そして、三人目のSくん。いつも、ものすごくストレスがたまったような表情をしていた。「ちぇっ、つまんねえな」が彼の口癖で、四月の頃は毎日何回も何回も、わざわざぼくのそばへこの言葉を言いにきた。とにかく四六時中、あらゆることに対して不満を口にしていた。また、教師やみんなの言葉にすぐに水を差した。「できるわけねえ」「どうせうまくいかねえ」「おもしろくねえ」「やりたくねえ」云々。友達はゼロ。Tくんと同じように、友達との関係をうまくつくっていけないのである。こちらはクラスでナンバー・ワンの肥満体で、やはり体育は苦手であった。

以上が、「この三人を避けて学級づくりはありえない」という子たちの様子であった。しかも見事に三人とも体育は苦手であり、嫌いであった。だが、それだからこそ、体育の取り組みをすれば必ずぼくと真剣に向き合う場面がやってくるはずである。ぼくには、これはむしろ、体育の取り組みに力を入れていくのに良い条件のように思えたのだった。

とは言え、体育の取り組みでこの三人に関わっていく際に、ぼくにはIさんについて、ある一つの迷いがあった。それは、もしIさんに少しでも心を病んでいる部分があるならば、決して無理強いはできないし、してはならないということである。そこで、その辺のことを前担任に聞いてみたのだが、「はっきり判断できる段階ではないようです」とのことであった。ぼくは、(これは難しいな)と思った。心を病んでいる場合は強い指導はできないが、そうでない場合はIさんにはかなり思い切った、断固とした指導をする必要があると考えるからである。そこで、Iさんに対しては、初めは一切押しつけたり無理強いすることがないように関わり、時間をかけながらぼくなりの判断をしていこうと考えた。

（2）Iさんの様子を見る＝初めての接触

以下は、ぼくが初めてIさんをソフトに叱ってみたときのことである。

松永「Iさんは、ちょっと我慢が足りないんだな」

I「わたしの辞書には〝我慢〟という文字はない」

松永「じゃあ、先生と一緒にこれから書き込んでいこう」

I「書いてみろ。すぐ捨ててやる」

松永「でも、Iさんが大人になるのには必要なことだよ」

I「あんたもしつこいな。いらつく、いらつく、いらつく。もう、ほっといてよ」

頭は切れるのだ。非常にムラがあったが、気が向くと授業中もよく発言した。教師やみんなに認められたい、という気持ちもあるのだ。そういうところは、かつてぼくが受け持った多動傾向の、ある男の子と似ているなと思った。しかし、Iさんがその子と大きく違っている点は、ぼくを敵視しているところである。だからぼくは、Iさんの様子を見ながら必ず毎日何度もやさしく話しかけるように心がけた。

Iさんは体育と音楽と図工の絵は特にきらいで、それらの授業をほとんど拒否していた。やがて、その理由が「自分がうまくできないことにがまんならない」からであるらしいことが少しずつわかってきた。だがそれは、「本当はうまくやりたい。力をつけたい」という気持ちの強烈な裏返しなのではないか？　もしそうなら、望みがありそうだと思った。

今ふり返ってみると、こんなふうに子どもの内面について考えるようになれたことは、ぼくにとっては大きな進歩だったという気がする。それまで自分は、こんなに子どもの内面に寄り添って考えようとしたことなどなかったと思うからだ。問題を抱えていたIさんだからこそ、ぼくはいつもよりずっと慎重にその内面に関わろうとしたのだが、そのことでぼくは、結果としてIさんからかけがえのないことを教わることになったのだった。

ある日の図工の「混色の授業」のとき、次のようなことがあった。Iさんは最初の五分間は、ピンクの絵の具（ピンク色が大好きだった）をパレットの上に出して上機嫌だった。しかし、「今日の絵は三原色だけをつかって描いてみよう」とぼくが言ったとたんに、「えーっ。じゃあ止めた！」と言って道具を片付け始めた。教師の指示どおりのことを子どもがやらないのでは、そもそも指導が成り立たない。年度が始まって一ヶ月ほどがたち、ぼくはIさんのことがだいぶわかってきていたので、ここは少し勝負に出てみることにした。

松永「言われたことをきちんとやらないのなら、授業は受けなくていい。うまくいかなくてもがんばるなら、できるまできちんと先生は教えるよ」
Ｉ「だれがやるか。こんなくだらない授業」
Ｉさんは絵の具箱を机にバンッとたたきつけ、となりの資料室へ行ってしまった。しかし、しばらくすると廊下へもどってきてしゃがみこんでいるではないか。
松永「勉強するなら、教室に入りな」
Ｉ「ピンクをつかわせてくれるのなら、もどってやってもいい」
ここは考えどころだった。ごね得を受け入れたらきりがなくなる。
松永「それはダメ。言われたことをやらないのなら、松永先生の授業は受けさせないよ」
Ｉさんは、地団駄を踏んで毒舌をはき、しばらくするとしゃがみこんで下を向いたまま動かなくなってしまった。三時間目が終わり、ぼくは子どもたちの図工の作品を後ろの壁に掲示していた。Ｉさんは、「休み時間のチャイムがなったのだから当然」というように教室にもどり、ぼくに話しかけてきた。
Ｉ「くだらない絵ばかりだ。へたな絵ばっかり」

ぼくは、みんなの絵を気にするIさんの気持ちがよくわかった。結局のところ、自分もうまく描いて一緒にはってもらいたかったのだと思った。

松永「一生懸命描いた作品に、くだらないものは一枚もないよ。Iさんも、絵は苦手なんだろう。でも一生懸命描くときもあるんじゃないの？」

I　「絵はあたしの趣味じゃない。先生、あそこは何で空いてるの？」

松永「Iさんの絵をはる場所をとってあるんだよ」

Iさんが自分の絵の掲示場所を気にするだろうとの予感は、バッチリ当たった。ぼくは放課後にIさんを取り押さえて、力づくでも絵を描かせた方がいいかな？　などと考えていた。Iさんを極力特別扱いしないようにしたかったからだ。なぜなら、特別扱いしないということが、「Iさんにはみんなと同じだけの力がある。ぼくは、そう信じているぞ！」ということにつながっていくと思うからだ。

さて、Iさんはというと、続く四時間目にはきちんと自分の席に着いた。そして稚拙な作品だったが、ぼくの指示どおりの手法で絵を描き上げ、「あそこにはって」とぼくが空けておいた場所を指差した。Iさんにも、やはり自分で自分自身を立て直す力が備わっていたのだ。Iさんのように問題がある子であればこそ、自分で自分を立て直させることは重要に思えた。特別扱いをしたり、「言ってもわからないのだから」とその場限りの体面だけを整えるのは、臨機応変のようで結局遠回りのような気がしてならない。ぼくは、このとき少しだけIさんの気持ちに寄り添えたんじゃないかなと思った。ぼくは、Iさんは子どもなら誰もが持っているような問題点を、拡大してぼくに突きつけてくる子なのだと考えるようになっていた。そう考えると、Iさんが突きつけてくる問題へのぼくの対応や配慮は、実はクラス全員の子どもたちへも常に向けられるべきものなのだということに思い当たる。つまり、今思えば、ぼくはIさんに〝鍛えられて〟いたのだった。

この日以来、Iさんのぼくに対する敵意のようなものは少しずつ薄らいでいったように思う。こういう、ちょっとした「勝負」のようなことが五月にはさらに二回ほどあった。しかし、ときに、明らかに開き直って毒舌をまくしたて始めたときには、ぼくはうんと誉めた。ごねた後に、Iさんは二回ともきちんとやり直しができたので、ぼくはうんと誉めた。しかし、ときに、明らかに開き直って毒舌をまくしたて始めたときには、別室でどなりつけたこともあった。これには、さすがにびっくりした様子であった。二度目からは、ぼくが本気で怒っていると察すると、すぐに毒舌は止むようになった。この辺のぼくの関わり方に関しては、いろいろな評価もあることと思う。ぼくもすべて正しいなどとは絶対に思わない。しかし、じっくり様子を見ながらIさんに働きかけ続け、Iさんの気持ちに精一杯寄り添い、いろんな事を試しながら考えたあげくの選択だった。

(3) 体育の取り組みを「壁倒立」に決めた理由と下準備

こうして四月と五月の二ヶ月間は、Iさんを含む問題の三人と、ぼくにとっては初めて担任する「四年生の子どもたち」の様子を意識的にじっくり見ながら過ごした。そしてIさんに関しては、六月頃になると、「心を病んでいるのではない」という確信に近いものを感じていた。もちろん、ぼくは専門医ではないから、独断に陥らぬよう心しなくてはならない。しかし、ぼくの様々な働きかけに対して、時々抵抗しながらも自分を立て直す内なる力を何度となく見せてくれたIさんは、「極度に自己中心的な考え方を持つ」普通の子なのだと考えてよさそうだった。この判断がもし正しければ、これは医者の仕事でなく教師の仕事である。力を尽くして、たとえわずかであろうともIさんの心を教育の力で開いてあげたいと思った。子どもたち一人ひとりととことん関わり、一緒になって考えながら取り組んでいける体育で、Iさんの心と本当の意味で出会いたいと思った。体育の取り組みをクラスづくりの中心に据え、Iさんと、さらには不登校傾向の強いTくん、ストレスの固まりで友達とまるで関われないSくん、そして四年生のわがクラスの子どもたちみんなの心と、体当たりで出会い、それらをつなげて本当の意味での「クラス」を作っていきたいと考えた。年度当初に考えたことが、自分の中で一層はっきりしてきたことを感じていた。

さて、取り組む技についてはいろいろ考えた末、「壁倒立」に決めた。理由は以下の通りである。まず「Iさんが頑張ればできるであろう技」というのが第一の条件である。「壁倒立」ならば体育嫌いで非力なIさんでも、小柄で身軽なので絶対にできるようになると思った。また「壁倒立」では、足や体を支え合ったりする補助を通して子どもどうしが協力しやすいという良さもある。友達との関係作りが苦手な、問題の三人にぴったりだと思った。さらに自分の経験から、肥満気味のTくんやSくんでも、彼ら程度の肥満であればまずできるようになるだろうという見通しもあった。

クラスで「壁倒立」の取り組みを始めるにあたって、それより二週間ほど前から、まずは肥満傾向のTくんSくんの二人だけを体育館に呼んで「壁倒立」をやってもらった。何回か個別に練習するうちに、体が重すぎて危険ということはなさそうなので、しばらく集中的に朝の時間に練習してみようと二人に話した。Sくんは、ぼくに個別にみてもらえることをとても喜んだ。さらに、「友達の技とうまさを比べるのではなく、こうして毎朝一生懸命練習することに大きな値打ちがあるんだよ」と話すと、ぼくへの態度が一変してきた。毎朝、体育着が汗でぐしょぐしょになるまで、Ｓくんはそれこそ何十回と頑張った。とにかく、ぼくに見てもらったり教えてもらったりするのがうれしかったのだと思う。Ｓくんの投げやりな不満の言葉は、実は人一倍力を伸ばしたいという気持ちの裏返しだったのではないか。一日に何度となくぼくに言いにきた「ちぇ、つまんねえな」の言葉は、ぼくに「学校をもっと面白くしてほしい」という願いの言葉だったのかもしれない。

一方Ｔくんは、Ｓくんとは対照的で、朝の練習を少し嫌がっているようであった。Ｔくんにはやはり、少し怠惰な傾向があるようだった。しかし、不登校傾向のこともあるので、ここでは焦らずにもうしばらく様子を見ることにして、このときは深追いはしなかった。

さてＳくんは、やがて腕がうまく使えるようになると腰が床に対して八十度くらいにまで上がるようになり、自力で足を壁につけられるまでになってきた。さらにしばらくすると、驚くべき頑張りで、十回に一回くらいの割合で「壁倒立」が成功するところまで力をつけてきた。先が見えてきた。これを待っていたのだ。ここから先は取り組みを進めながら、足りないところは子どもたちの様子を見てそのつど考えればいい。ただし無理強いをして、四年生の子どもたちを押しつぶしてしまうようなことは絶対にすまいと思った。こうして、六月から「壁倒立」の取り組みがクラス全体でスタートしたのである。

（4）取り組みの初めの頃のこと。Iさんとの勝負

「壁倒立」の一斉授業を初めて二回目のとき、全員の前でSくんがドラマチックに「壁倒立」を成功させた。Sくんはみんなの拍手を浴び、このことで多くの子たちの顔つきが変わり始め、本気のスイッチが入ったように感じた。ぼくはみんなに向かって、Sくんが毎朝練習をしていたことや、そのときの様子などの話をし、努力の大切さを事実をもってクラスの子どもたちに伝えることができた。

みんなの前で堂々と「壁倒立」を成功させたSくんは、体育館から教室へ向かう帰り道で、「苦しかったけど、体育は楽しかった」と顔を紅潮させ、何度となくぼくに話しかけてきた。「ちぇっ、つまんねえな」といういつもの口癖から、一八〇度の大転換である。「学校はつまんないんじゃなかったの？」とかまうと、Sくんは一瞬つまった後、ニコッと笑い「パフッ！」と言って教室に走って行ってしまった。Sくんはその日の「帰りの会」で、なんと「学校がつまらなくなくなりました。そのことをみんなに言います」と発言して、みんなの拍手をもらった。ぼくは、Sくんが大きく変わりつつあると感じていた。

「ちぇっ、つまんねえな」の口癖は、その日以来あまり聞かれなくなっていった。

一方、肝心のIさんはどうだったろうか。Iさんに対しては、「ぼくが努力を要求し、Iさんがそれに必死に応えた結果、『壁倒立』ができるようになった」というふうになるといいなと思っていた。「真っ当な教師と児童の関係」とでも言ったらいいだろうか、そういうものを事実を通してつくり出していくことが必要だと考えていたからだ。そこで、クラス全体で取り組みを始めた当初からIさんを注意深くマークし、「もう少しで『壁倒立』ができる」という状態になるのを待った。

そんな中、十日ほどが経ち、その日Iさんはなんとか片足だけは壁につくようになっていた。あと一息だ。しかし、なにかの拍子に肘がガクッとおれて、Iさんは頭を床に打ちつけ「けっ、むかつく、むかつく、むかつく、むかつく!」などと毒づいて体育館の隅で地団駄を踏み、勝手に一人で教室に帰ろうとした。体育の授業時間は終わりかけていたが、ぼくは(今がチャンスだ)と思い、Iさんを呼び止め、二の腕をつかんで体育館に引きもどした。そしてぼくが横について補助をし、少しだけ厳しく練習を繰り返させた。やがて、補助をしながら二十回ほど練習を繰り返すうちに、とうとうIさんは自力で「壁倒立」ができるようになったのだった。Iさんは途中から少しべそをかき、ぼくをちらちらにらみながらその練習を続けていたのだが、できたとたんにクラスのみんなの大きな拍手を浴びた。授業終了のチャイムも鳴り、ほかの子どもたちは、心配してぼくとIさんのまわりに集まってきていたのだった。ぼくはどうなるかなと思ってIさんの顔を見ていたが、しかし、Iさんは「ふんっ、プライドが傷ついた」などと言って教室にさっさと帰ってしまった。クラスの子どもたちみんなには、できるまであきらめないことの大切さと、今回のことでのIさんのえらさについて話をした。Iさんは、とにかくできるまでがんばったのだから……。

その次の日から、Iさんの体育での態度が一変した。なんと、一番しつこく「『壁倒立』をやるから見てください」とぼくに迫ってくるようになったのだ。「見てください」と言う声も、大人の女の人が電話で話すときみたいな急な変わりようで、とにかく誉められたり認めてもらうことに実にひたむきなのだ。これもIさんの真実の顔の一つなのだと思った。

そして、その次の体育の時間のことである。ぼくは、この日のことを忘れることができない。この日も「先生、やるから見てください」と、Iさんは声をつくってぼくに繰り返しつめ寄ってきていた。しかし、ぼくにはある考えがあり、またIさん一人にかかりっきりなるわけにもいかなかったので、Iさんが満足するまでIさんを見ることはしていなかった。やがて、しばらくするとIさんはいつものパターンで次第にいらいらしてきたのだった。そして、しまいにはいつもの毒舌が始まりかけたのだが、そこですかさずぼくは考えておいた言葉を、Iさんの顔をまっすぐ見つめながら言った。

「勉強なのにキレる子の技は見ないし、教えたくないな」

すると、どうだ。なんとIさんは、うつむいて一呼吸の後「我慢するから見てください」と小さくかわいらしい声で答えたのだった。「我慢する」ときた。ぼくの勝ちである。

「かべとう立」の感想

わたしは、初めは、かべとう立は最初、かべとう立ができませんでしたけど、しだいに努力していくうちに、かべとう立の三十秒ができたら、先生とみんながはく手をしてくれた。わたしは、とてもうれしかった。それで、いきおいなしを練習なしでやったら一発でできた。わたしは、きせきがおこったとしか、考えられませんでした。

そして、わたしは、くる日も、くる日も、いきおいなしの練習をしました。そうしたら、いつのまにか、大とくいになっていました。

けんていを、この前うけた時、「板二まいとう立」までいった。先生が、「ビデオをとる。」と言ったので、心がドキッとしました。そして、レベル6、5、4というふうにならんだ。わたしは一番だった。まず、しんこきゅうをしてから始めました。とう立をやりました。できたので、うれしかったです。

Iさんの日記より

我慢をして自分の順番を待ち、ぼくに見てもらい、Iさんはしまいには後述する「検定」にも合格した。ぼくは、うんと誉めた。Iさんは、「わたしの辞書には〝我慢〟という文字はない」と言い放った子である。彼女もまた、真っ当に自分の力を伸ばしたいのだ。そのためには我慢もするし、真剣にぼくのアドバイスにも耳を傾けるようになっていった。子どもは一人残らず、自分の力を伸ばしたいのだと思った。

(5) 技についての自分なりの解釈

「壁倒立」の取り組みがスタートして、子どもたちの様子を見ているうちに、次の二点に苦労している子が多いことがわかった。

①立って上から腕を大きく振りかぶり、勢いをつけて手をつかないと腰が上がらない。
②倒立の姿勢で、体に張りがなくピンと一本の線が張れない。

取り組むからには、全員ができるようになることを目指したい。そこで、いろいろ考えたあげくスモールステップをたくさんもうけて、一人ひとりが自分の力に合わせて努力できるように工夫をすることにした。また、②の難関については、後に自分が「ベッタリ倒立」と名付けた練習方法を取り入れてみることとした。「ベッタリ倒立」は、壁とつき手の指先の距離をゼロにし、そのまま「壁倒立」をするという練習方法で、後頭部、背中、お尻、足の背面側全部が「ベッタリ」壁にくっついたまま静止するというところから名づけたものである。これは試しに行っているうちに、とても良い練習になると感じた。「ベッタリ倒立は」は、ムダに勢いをつけすぎるとダメなのだ。力の入れ具合に神経をつかわないと、壁で体が跳ね返ってもどってしまうからだ。そして体全体をぎゅっと締めて一本の真っすぐな線を張らないと、壁に上がった状態で制止することができないのだ。

ベッタリ倒立

・指先が壁につく位置に手をつく

・足、腰、背中を全部ベッタリ壁につける

（「壁倒立」のスモールステップ）
レベル1……「壁倒立」三十秒（友達の補助ありでよい）
レベル2……「壁倒立」五秒静止を三回連続
レベル3……「ベッタリ倒立」五秒静止
レベル4……振りかぶらない「壁倒立」（手を初めからついたままで）、五秒停止を三回連続
レベル5……板五枚分つき手を離した「壁倒立」

さらに練習を進めるうちに、ぼくは子どもが自分の腰（＝重心）の位置を意識できているかどうかがとても重要だと思い始めた。自分の重心を意識して運動するということは、他のいろいろな技とつながる部分が大きいし、とても意味があることだと思った。この「壁倒立」の取り組みを通して自分の重心をコントロールする力がつけば、一つの財産となりそうである。そこで、自分なりに「壁倒立」の解釈を拡げることにした。

壁に上がって三秒静止の後、片足を伸膝でゆっくり下ろす。残りの足は壁に残し、足は

開脚の状態となる。開脚幅が一二〇度を越えるくらいになると、壁に残した足も自然に離れる。そしてなるべく無音で片足ずつ床に着く。以上が自分なりに考えた壁からの下り方である。ここまでを一つの「壁倒立」という技だととらえて取り組むこととした。この下り方は、腰（＝重心）にとても意識がいく。そして、腰を意識して残すよう重心をコントロールする力が育つのではないかと考えたのだ。この「腰を意識して重心をコントロールする力」は、以後のマット運動の基礎の一つとなると思う。同時に、腰のところで体を二つに折り、伸膝で足を動かしていく体の使い方も「倒立前回り」や「台上前回り」などにつながる基礎力の一つとなると思う。

さて、スモールステップのへ取り組みを進めるうちに、ちょっとしたことなのだが、ぼくは子どもたちがいろいろな工夫をして練習しているのに気がついた。どんな小さなことであっても子どもなりに自分で考えた工夫は、スモールステップを自分の課題としてしっかり受け止めている証拠であると思い、とても良いことだと思った。その中に、「マット

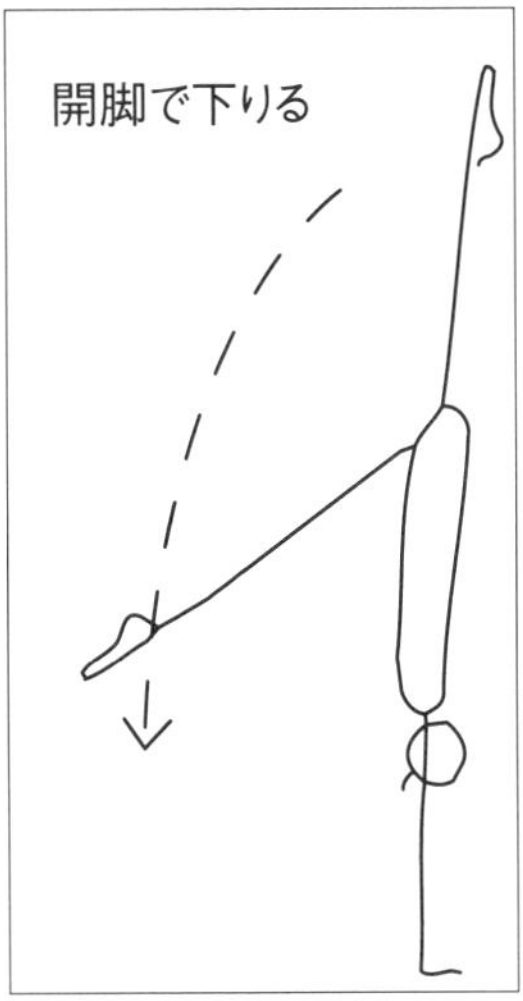

を積み上げたもの」に向かって倒立し、片足の膝を折ってマットに引っかけて、体がもどらないようにして練習している子がいた。次の日は、今度は他の子たちが跳び箱に片足を同じように引っかけたり身体を斜めにしてあずけたりして練習していた。これらの工夫は、腰を肩の真上の位置にのせたままで、すっと伸ばした片足をゆっくり下ろしてくる練習をするのにとても都合のよい工夫であった。これは「跳び箱倒立」と名前をつけた。すぐに子どもたちみんなに紹介すると、評判がよく、大勢の子たちがやり始めたのだった。

　クラスに勢いがつき始め、子どもたちは響き合い始めていた。それと同時に、どの子もが「なぜ自分はできないのか」を四年生なりに考えるなど、「壁倒立」という技と本当の対面を始めていたように感じた。ぼくに言われたことを言葉通りに一生懸命がんばるのと

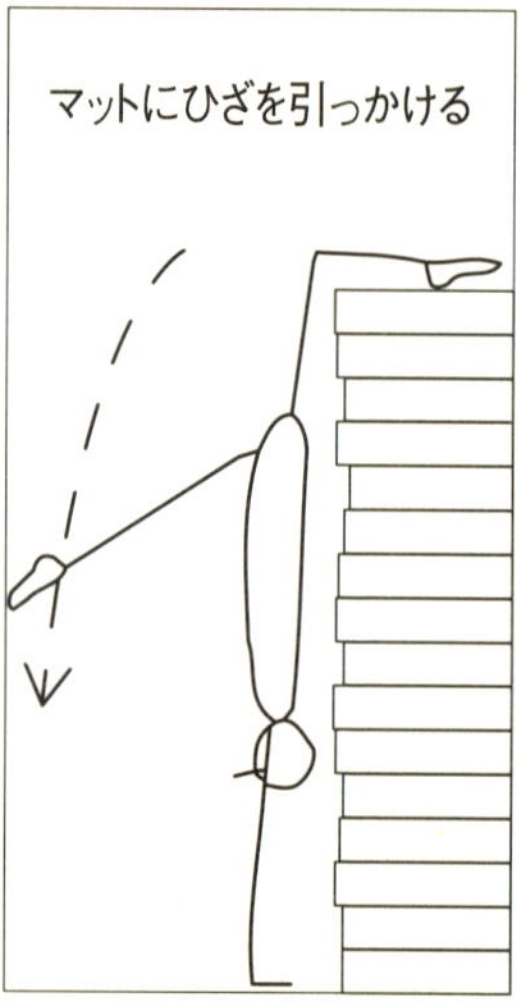

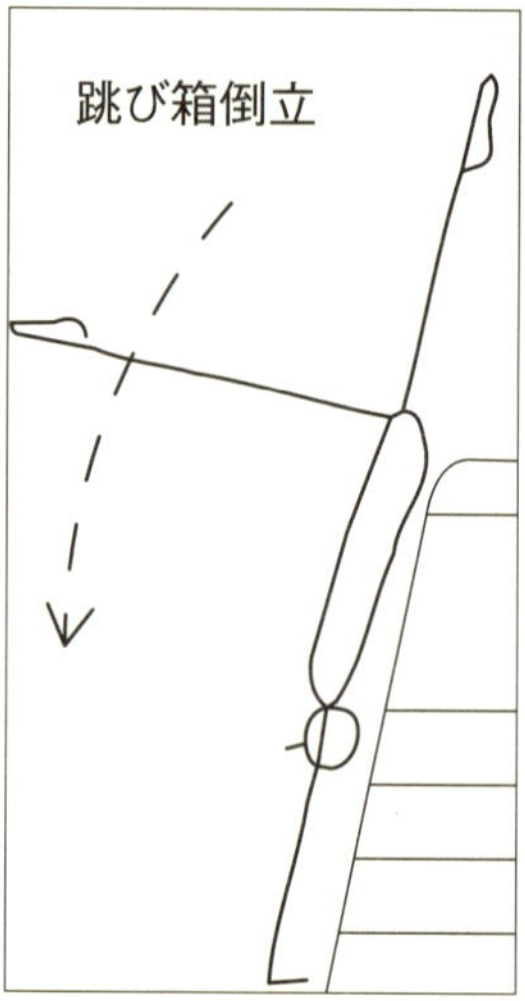

同時に、自分なりに技を解釈して立ち向かい始めたのだった。子どもたちの立ち向かい方は、いかにも四年生らしい稚拙なものもあった。でも、ぼくにはこういう子どもたちの、ひたむきに向かっていく心構えのようなものが、何かとても重要なもののように思えた。

(6) 小さな「できた」は大きな努力の賜物である

さて、六月半ばのTくんは次のような様子であった。Tくんは腕の支えが弱い。振り下ろした腕の勢いを支えきれずに肩が前に流れてしまうものだから腰もあまり上がらないし、「壁倒立」をするたびに頭を壁に打ちつけていた。だから、頭を打ちつけても痛くないように、壁に立てかけてある走り高跳び用のソフトマットに向かって練習するのがお気に入りだった。

ある朝、Tくんが「壁倒立」ができるようになったから見てくれとぼくのところに来た。見てみると、なんと助走をつけて体ごとソフトマットに突っ込んでいくという前代未聞の「壁倒立」であったが、感動的なことに一応できていた。やる気が出てきたのだ。その日は誉めて、二日後「助走禁止」を言い渡した。Tくんは「えーっ」と言って後ずさりをした。次の日、また見てくれという。見てみると、確かに助走はしていないが、今度は肋木の真横で倒立の瞬間、微妙に足を開いて爪先を肋木にひっかけて止まるというシロモノであった。敵もやるものだ。

松永「名づけて〝ひっかけ倒立〟。どうだ？」

T　「えーっ。かっこ悪りぃ」

しかし、確かに前進はしているので、その日もぼくは大いに誉めた。みんなも大笑いをしたけど、「Tくん、すごいね」などと言う子もいて、何だかTくんは人気が出始めていた。そしてぼくは、翌日にはまた「肋木禁止」を言い渡した。

これらはTくんなりの工夫であるので、ぼくはそのつど本気で誉めた。笑ってしまうようなこれらの工夫は、できるようになりたいというTくんの真剣な気持ちの賜物であった。やはり、「できる」ということは苦手な子にとっては実に大きいのだ。苦手な子ほど進歩の幅は小さい。しかし、その小さな「できた」は、普通の他の子たちの二倍三倍もの努力によって勝ち取られたものなのである。だから苦手な子にとっての「できた」はかけがえのないものだ。小さな「できた」の裏にある「大きな努力」に、毎日のように練習につき合っていたぼくは、やっと気付き始めていた。

「かべとう立」の感想

レベル3がクリアできなかったけど、ぼくは、レベル3までたどりついたことでも、ぼくはうれしかった。Sくんもうれしそうだったから、ぼくは（Sくんがライバルだ）と思った。だからぼくもがんばったけど、レベル3はクリアできなかったけど、ぼくはレベル3までいけたことで、本当にうれしかった。だからぼくは、家でもぼくは、れんしゅうするときめた。おわり。

Tくんの日記より

しかし、TくんはSくんから、「そんなごまかしじゃダメだ」などと手きびしく言われていた。Tくんはそんな話を神妙に聞いているし、可笑しくってならない。Sくん、なかなか言うではないか。それでもTくんはというと、そんなSくんの厳しい指摘にくじけることもなく、それからはSくんとソフトマットに向かって毎日汗をかくまで練習する、というように変わっていった。Tくんなりに、体育の苦手な自分ときちんと向き合って闘い始めたようであった。

一週間後、Tくんは一斉授業のときに、みんなの前で「壁倒立」を成功させた。Sくんに続き、Tくんまでもであるから、子どもたち全員に衝撃が走った。二人に追い抜かれてしまった三人の男の子たちにも、ようやく本気のスイッチが入ったようであった。そして、追い抜かれた三人と、TくんSくん二人には奇妙な協力体制が芽生え始め、実にほほえましかった。

立場の逆転したTくんSくんに対して、追い抜かれた三人は今までのグータラした態度でなく、謙虚になってきたのだ。「蹴りが弱い！」とか、「ふり上げ足のひざがまがっている」などと、TくんSくんがいろいろアドバイスなんかしているではないか。「帰りの会」でSくんが「また友達が増えました」と発言したのには、本当に笑ってしまった。Sくんはしゃれたジョークなどを言ったり、ちょっかいを出し合ったりするのが大の苦手である。しかし、学びの中でクラスの子どもたちと確実につながり始めていたのだ。真っ当な学びの世界こそが、まさにSくんのいきいきとできる世界だったのだと思った。

（7）「検定」の意味するもの

七月に入り、検定を始めた。これには、子どもたち一人ひとりを診断するという意味がある。検定は「できている」か「できていない」かの二つに一つしかない。そして、「できていない」と言われたときの態度に、その子の学びへの姿勢がはっきり表れることが多い。一つは、キレたりベソをかいたり不満をあらわにするタイプ（松永は実はこのタイプなので、気持ちがよーくわかる）。もう一つは、「できていない」という事実をきちんと受けとめ、再度の努力に向かえるタイプである。ぼくは、検定の中で事実は事実としてきちんと受け止めなければならないという「学びの厳しさ」を教えたいと考えていた。だから、「できていない」ものは「できていない」と、譲らなかった。この検定を通して、ぼくが否定したことを子どもたちががんばって受け容れるという関係がつくれなければ、この先も困難なことに関してはぼくの指導が入らなくなると考えたからだ。そして、Ｉさんにこそこのことを一番理解してもらいたいわけで、検定はその良い機会だと思った。これも、Ｉさんと関わる中で避けて通れない闘いだった。

Ｉさんはぼくに「不合格」と言われ、案の定「ええっ？　どうしてよ。信じられない！」と声を荒げた。ぼくは「できてないものはできていません」とたたみかけた。

松永「ぼくがウソついて〝合格〟って言ってほしいの？」

Ｉ　（下を向いて首を横にふる）

松永「Ｉさんの毎朝の練習はウソでないものね。ウソやおだて無しで先生に〝合格〟って言わせてみな」

と、子どもたちみんなに聞こえるように言った。Ｉさんが何度検定でごねても、「できていない」うちは絶対にあいまいなことは言わないようにしようと決めていた。そのかわり「できるようになった」ときは、本気でその事実を誉めまくるという作戦である。

Ｉさん以外の子たちに対しても、いつのまにかぼくは、検定は真剣勝負だという気持ちで臨んでいた。検定でＩさんに向かう気持ちを自分の中で確かめているうちに、検定はただのチェックではなく、それ自体がとても重要な教育なのだと思い始めていたからである。

さて、一週間ほどを過ごすうちに、Ｉさんはレベル１からレベル４までの四つもの壁を、次々に乗り越えていった。そしてその都度ごねるのだが、ぼくにはそのＩさんの気持ちと、「できていない」という事実を受けとめる苦しさがよくわかった。そして、レベル２で二回目にごねた頃には、ぼくの中に「Ｉさんはもう歩みを止めはしない」という確信が生まれてきた。この子はまったく健全な四年生の子どもであった。力を伸ばしたいのだ。そのためには、実に謙虚に努力をすることができるのだった。

（8）一学期の終わりに

一学期の終わり、Tくんは寝坊や怠けによる欠席がずいぶん減ってきていた。勉強も、個別に徹底的にみてあげて、算数などは特にみんなから遅れないように特訓した。放課後も、逃げ帰ることなくがんばってずいぶん遅れを挽回しつつあった。手をかけてあげると、思いのほか普通の子以上にがんばるのだった。体育でこの子との関わりを意図的に増やしていたことが、大いにプラスに働いているようだった。また、クラスの子どもたちとの間にも、中身のあるつながりができていた。さらに、T君自身もずいぶんと踏ん張りがきくようになってきていた。Tくんは、夏休みの算数の補習も、六日間全出席でがんばりぬいた。体育の取り組みを通して、確実に逞しくなっていた。

Sくんの体育帽には、いつもTシャツのように汗じみができる。一部ではなく、帽子全体が汗で染まるのだ。まちがいなくSくんはクラスで一番たくさん練習していた。苦手な子が「思いのほか」頑張っているというのではなく、現にSくんがクラスで一番体育で努力をした。事実としてそうなのだ。

SくんとTくんの二人がこの一学期に出した事実に、クラスの子どもたちは素直に感動したようだった。子どもたちの方が大人より遙かにこういう事実に謙虚であるし、心を揺さぶられるように思える。子どもたちみんなが「SくんTくんのようにがんばって、上手になりたい」と思うようになっていた。そして、クラス全員が「壁倒立」に本気で立ち向かい始めたとき、「教え合い」は形式的なものでなくなり、子どもたちは互いのアドバイスに実によく耳を傾けるように変わってきた。

また、男女にかかわらず、足を支え合ったり補助し合うのが当たり前という空気がクラスの中に出来上がってきていた。おまけに、実によく協力ができるものだから、マットを敷いたり片づけたりするのもとても速くなった。「集合！」も、ものすごく速い。それから、受けとめる深さはいろいろあるにしても、ぼくの話を実によく聞いてくれるので、うっかり思いつきでいい加減なことも言えなくなった。まったく、教師の方もうかうかしていられないのだ。

この一学期は、体育の取り組みとして目覚ましい事実が出たというわけではない。これはあくまでも、一学期のクラスづくりを体育で意図的に取り組んでみたという一つの試みである。しかしながら、一つの事実として、クラス全員が「腕を振りかぶって勢いをつけることなく、ゆったりと壁にあがり、伸膝で片足ずつ壁に重心を残しながらゆっくりと下りる『壁倒立』」ができるようになった。

そしてキレやすかったIさん。出会ってからわずか四ヶ月後の一学期の終わりには、ほとんど特別な配慮をする必要もなく、他の子たちとまったく同じように叱ったり要求したりできるようになっていた。もちろんまだごねることも多かったが、否定されてもやり直しができるようになっていた。授業も全科目「お絵かき」なしで受けるし、それどころか授業中のぼくの指示に関しては普通の子以上によく反応するようになっていた。例えばぼくが、「鉛筆を置いて話を聞いてください」と言うと、すかさず「はいっ」という気持ちのよい返事をしてくれるし、となりの子に「鉛筆を置こうよ」などと声がけまですることもあるほどだ。ぼくに誉められたいのだ。そういう、子どもらしい真っ当な願いが人一倍強いのだ。今までほとんど口にしたことのなかった「ごめんなさい」という言葉も言えるようになった。

二学期「倒立前回り」の取り組み

(1) 二学期の初め、「倒立前回り」に取り組むにあたって

体育には全員の子と、とことん向き合える良さがある。一学期を終えてふり返ったとき、ぼくは改めてこの事を実感していた。そして続く二学期の取り組みでは、一学期とはまた

違う子どもたちと出会えたように思う。

　二学期も体育の取り組みを続けようと思い、いろいろ考えた末に「壁倒立」の発展として「倒立前回り」に取り組むことに決めた。「倒立前回り」では、補助がさらに重要になるから、互いに補助し合う中で、子どもたちをより強く結びつけられるだろうと考えたことも理由の一つだった。また、子どもたちどうしで、「互いの良いところを見つけ合う」「改善点を教え合う」などの交流をたくさんさせたいとも思った。そのことを通して、他の教科の授業でもわからない子や間違えた子がみじめになったり、飲み込みの速い子が生意気になったりしないような、子どもたちの関係のより良いクラスをつくっていけるのではないかと考えたからである。さらに、体育の取り組みを続ける中で、子どもが自分の弱点や課題に向かうときに、とことん粘れるたくましさを育てていきたいとも思った。しかし、一学期と同じことの繰り返しでは、クラスは停滞してしまう。子どもたちをさらに高めて鍛えていくには、まずは一学期よりももっと子どもたちの内面を見つめる努力が必要だと感じていた。

　その一方で、ぼくには四年生で「倒立前回り」に取り組むことには、迷いもあった。四年生の発達段階を考えると、かなり高度な技への挑戦となると思ったからである。しかし、もう一つどちらにしようかと迷っていた「頭支持倒立」の方は、SくんKくんを考えた場合背筋力が不足しているのと、何よりも取り組みの時間がたくさんとれそうもないなどの理由から困難だと判断した。そんなわけで、自分なりに「四年生なりの倒立前回り」を考えて模索してみようと決めたわけである。技の系統性よりも、子どもたちやクラスが必要としているものは何かということを優先させたのだ。この年度は、取り組みを通してのクラスづくりや、その過程で子どもたちと本当の意味で出会いたいということに、ぼくの気持ちが向いていたことも大きい。しかし、二学期を終えてふり返ったとき、やはり「倒立前回り」は少し無理があったかもしれないと考えている。

(2)「教材解釈を突き詰めること」の意味は何か

ぼくは二学期の取り組みを進める上でも、いろんな文献にあたるなどして教材研究に力を入れた。「子どもたちが努力すれば単独登攀できるルート」をとことん探した。一つでも多くの練習方法やそのための工夫をと、考え抜いた。子どもたちにがんばれと要求するからには、子どもたちががんばればできるようになる可能性を示す義務が教師にはあると思うからだ。

そしてこの二学期も、さまざまな練習方法や工夫とその可能性を、子どもたちと一緒に探るような感覚で取り組みを進めていった。ぼくとしては、できることすべてをしていないと、いざというときに子どもを「否定」することができないと考えている。そして、教師が教材解釈をとことん突き詰め、子どもに単独登攀の可能性を「実感」として与えるところまでたどりつけば、今度は必ず子どもたちが「本気」を出して取り組み始めてくれる。「実感」や「手応え」を感じたとき、子どもたちは一人残らず真っ当で愚直な努力をするものだ。ぼくにはそういう確信があった。

また、ある意味においてきびしく「要求」はするのだが、「結果だけを求める」ことは絶対にすまいとも思った。苦手な子ほど、出せる事実は小さいし、時間もかかる。それに、努力をすれば必ず結果が出るとは限らない。どんなにがんばっても結果が出ないこともあるのが現実だろう。結果が必ず約束されているなら誰だってそれなりの努力はできる。でも、結果が出ないかもしれないようなことにひたむきに向かっていく、その努力こそが尊いという気がぼくにはするのである。「苦手な子の努力」は、だから輝いているのだ。「誠実に全力で努力すること」が、学びの場では何よりも大切なことだ。学びの場においては結果よりも努力することにこそ一番の値打ちがあると思う。この取り組みは「教育」なのだ。ぼくは、体育という教材を通して、誠実に全力で努力できる子を育てたいのだ。ぼくは、一学期に曖昧だったこのことが、二学期には自分の中ではっきりしてきたなと感じていた。（ぼくなりに考え抜いた「倒立前回り」の教材解釈やスモールステップの工夫があるのだが、ここでは割愛させていただく）

（3）響き合う子どもたち

さて、しばらくするとやはりクラスに停滞が始まった。今回も検定を通してのぼくと子どもたちとの勝負が必要だと考えた。正直、ほかに手が浮かばなかったこともあった。そして、この二学期の検定でも、ぼくはダメなものは事実としてきっぱり否定した。さらにこの二学期の検定では、子どもたちの方から「なぜ不合格なのか」を聞いてくるまでは、ぼくの方からは不合格の理由も教えないようにした。勉強はさせられるものでなく、自分からするものであってほしい。まして今回取り組む「倒立前回り」のような難関は、受け身では歯が立たないと思ったからだ。

子どもたちにとっては、ぼくがサービス過剰でない分、友達どうしで教え合い学び合う必然性もさらに強まったようであった。子どもが自分から進んで不合格の理由を聞きにきたときは、うんと誉めてからていねいに教えることとした。そして、何か一つ「できる」ようになったら、その事実とそのための努力をまたうんと誉める。やがて「先生に聞くと親切に教えてくれるし、できるようになる」というような空気になってくる。そういう作戦であった。ここでもぼくは、子どもたちとの関係づくりを意識した取り組みをしようと考えていたのだった。やがて、「聞きに行くと先生は優しい」といううわさが、子どもたちの間にたち始めた。この作戦もかなりつぼにはまったので、なんだか可笑しかった。

この「倒立前回り」では、ペアを組んでの練習がとても多かった。そして、どんどんペアを変えて教え合うようにした。ペアを変えていきながら、いろんな子への補助に気持ちが向くようにしたかった。実際、「補助」は大切だった。二人の気持ちが合うと技にいっそうの内容が入った。そんな練習の中で、「友達の技のいいと思ったところ」「直したほうがいいところ」をそれぞれ一つずつ、以上二つを相手に告げてまたつぎのペアと練習するという風にもしてみた。教え合いという意味合い以上に、子どもどうしの関係づくりということが大きかったと思う。「倒立前回り」では、真剣に補助してあげないと場合によっては相手が背中を打ちつけてしまう。補助者は相手の手の着く位置を確認し、ふり上げる足をきちんと見てタイミングをはかって足を受ける。補助する腕の力の入れ加減も調節する。特に相手が苦手な子の場合は、二人の息を合わせないと成功しないのだ。「体育は一番厳しいけど、一番好き。補助が楽しいんだもん」と、苦手な女の子たち。なんとなくぼくと距離を置いていたこの子たちとぼくとの距離も、ずいぶん近づいてきた。そしてこの子たちはずいぶん逞しくなってきた。子どもたちは口々に、「補助のペアがドキドキする」と言う。いろんな子と補助し合うのが楽しくなってきているのだ。補助者と演技者の気持ちもつながってきているのだと思った。「勉強なんだから」という学びの場の真っ当さが、子どもたちの人間関係のしがらみや、つまらない偏見を吹き飛ばしてしまったようだった。

（4）新たに出会えた子どもたちとの関わりの中で

十一月から十二月にかけて、取り組みは苦戦をしいられていた。見通しの甘さと教材解釈の弱さが原因であった。ぼくは今まで以上に、子どもたちの練習の様子の中から活路を見いだすヒントを探すのに必死だった。そんな子どもたちとの関わりの中で、ぼくは、一学期とはまた違った子どもたちと出会うこととなったのだった。このクラスには、いわゆる優等生タイプのNくんとYくんという子がいた。ぼくはこの二人に対して、忘れることのできない失敗をしてしまうことになるのである。

十一月も半ば、子どもたちの技をビデオカメラで撮ったときのことである。NくんとYくんの二人は、思い切りよく技に入れずにしきりに首を振っていた。何度もやり直しをしていたが、それはポーズだけのもののようにぼくには思えたのだった。それまでの検定でも、二人はいつも同じようなことをしていた。いつも腰が引けており、いつもそこそこであきらめてしまう。ぼくはこの二人に、そんな印象ばかりを持っていた。この二人を変えられないでいたのだった。

この日、ぼくはYくんを叱った。

「今までできていたことが、急にできなくなったということですか?」

(止めた方がいい。止めた方がいい……)ともう一人の自分が心の中でささやいていた。それでもぼくは、ベソをかきそうになりやけくそ半分になり始めていたNくんまでも、まとめて同じように叱りつけた。

「例えば先生は、Kさんには一切何も言えない。技は上手じゃないKさんだけれど、先生はKさんの普段の練習への取り組み方や、今日のビデオ撮りでの真剣な表情や様子から、Kさんがどんな気持ちで自分の苦手に立ち向かっているかがわかる気がするからだ。ぎりぎりいっぱいがんばっている子には、誰も何も言えやしないよ。君たちの技は、そういう『倒立前回り』なんですか」

なんというイヤな言い方なのだ。だけど、ぼくは言葉を止められなかった。確かにぼくは「上手い下手」じゃなく、「真剣か手抜きか」という視点の徹底と、検定での闘いの厳しさが、子どもたちが技を追求する上で大変重要であることをこの年度の取り組みで痛感していた。また、自分自身への言い訳としては、「苦手な子にとって〝できる〟ということは大きいのだ」ということもある。今の時期にこんな立ち向かい方では事実も出せやしないという理屈である。しかし、この辺がいつもきわどいのだ。ぼくは、この二人へのこの対応は間違いであると自分自身ではっきり感じていた。これは、今までの失敗のもととなった押しつけがましいやり方と同じだと、はっきり感じていた。本音では、まだ自分で本当にはこの辺のことはわかってはいないとも思う。でも、この「まちがいだ」という感覚はとにかく重要だ、と感じるものも確かにぼくの中にあった。この二人に対するぼくの向かい方は、子どもに対して上の立場からの対応だった。やっぱりぼくの傲慢さなのだ。ぼくは、これまでも何度となくこの手の失敗を繰り返してきていた。この日のことは、二学期の終わりまでずっとぼくの頭の中にこだわりとなって残っていた。

ぼくに叱られた次の日、Yくんは一人みんなからはなれて練習していた。顔つきが違っていたし、実に真剣な表情だった。ぼくと目が合うとYくんは顔を上げ、にこっと笑って「本当に難しい」と言った。よく見るとなぜか右足だけ靴下をぬいで練習をしていた。次の日は、なんとNくんと、おまけに不登校傾向のTくんも、片足だけ靴下を脱いで裸足だった。聞いてみると、これはYくんが編み出した秘策だという。振り上げ足の方だけ靴下を脱いで素足になることにより、意識をそちらの足に集中できるとのことだった。おまじないのようなものだ。だけど、すばらしい。よくぞ「自分で」考えた！　三人の気持ちがよくわかった気がした。

ついでNくんにもついに火がつき、本気になったようだ。家で練習を始めたとのことだった。布団を壁に押し付けて、手のつき場所を固定し、練習をしてみたという。ある日の体育館からの帰りしなに、顔を赤くして実に恥ずかしそうに報告してくれた。

この取り組みの中であらためて考えさせられたのは、技の完成度の追求のみが大切なのでは断じてないということだ。むしろ、このような何気ない子どもたちとのやり取りの中にこそ、取り組みをすることの本当の意味や子どもたちの真実があるように思えてならない。こういうことが見えるかどうかが実に重要であると、思い知らされた気がした。実はこの日、ぼくは前日の自分のYくんNくんに対する働きかけのまずさに、朝から二人とどんな顔で会ったらよいものかと気が重かった。二人はどんな態度でいるだろう、どんな言葉で話しかければよいのだと、ぼくはビクビクしていたのだ。しかし実際は、二人ははるかにぼくを超えていた。へこんだりくさったりするどころか、ぼくのダメな指導を実に前向きに受け止めて「靴下のおまじない」を編み出していたのだ。ぼくは、心底惨めな気持ちになったのだった。

十一月後半には、検定の進みの遅いNくんYくんと、不登校傾向のTくんの三人が、互いに助け合うようになっていた。前述の「振り上げ足の方だけ靴下を脱ぐ」方法の他にも、三人でいろいろ考えた工夫を始めていた。おまじない程度であったり、笑ってしまうような工夫であったが、本気でできるようになりたいと思っている子どもたちの助け合いは実に美しかった。やがてTくんは、次々に検定を突破していったのだった。

この頃のTくんは、勉強の方も宿題だけはなんとかぼくに叱られない程度にはやってくるようになっていた。しかし、相変わらずTVゲームはやり放題である。四年生の子どもにとっては麻薬のようなものだ。睡眠時間は少なく、学校では朝からぼーっとしていることが多く、学習面も思うように進んではいなかった。しかし、体育の良いところの一つに、進歩がまわりのみんなにも目で見てわかる事実となって現れ、何より本人がはっきりと体感できるということがある。また体育では、真っ当な努力は「夢中になって練習する様子」という目に見える形になって現れるから、教師も見逃すことなく誉めやすい。Tくんの場合ムラはあったにしても、頑張ったときはもらさず誉めてあげられたと思う。「努力は決して裏切らない」と言うが、小学校の体育のレベルでは、確実に努力が事実へと結びつくものだ。Tくんは、まさに体育で、努力の大切さを学んでいったと思う。

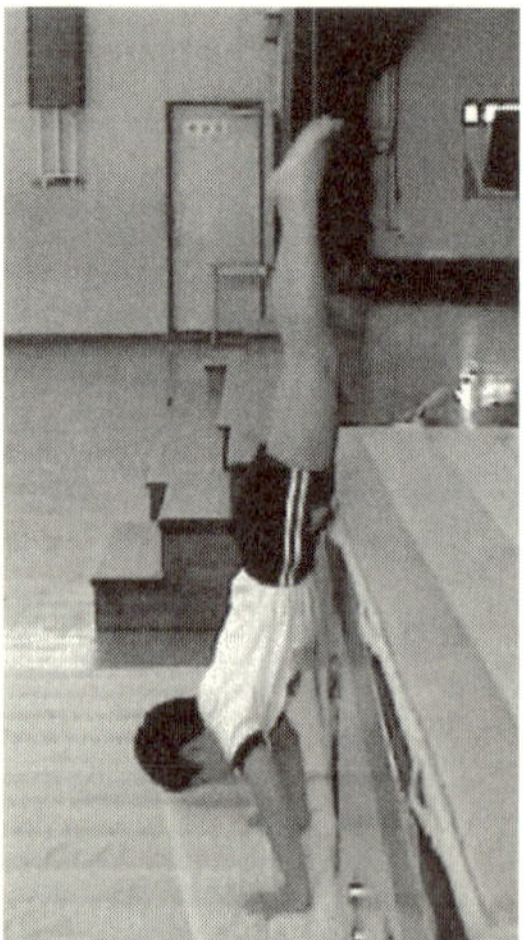

二学期もおしせまり、欠席が少し増えてきた十二月になっても、最後までTくんを励まし勉強も人一倍教えてあげていたのは、他でもないYくんとNくんだった。今思えば、このような強い友達との絆と、もう一つはもとから自分自身の中に備わっていた「何がなん

でも」という取り組みへの強い意志が、Tくんを学校に引き戻した力になっていたように思えてならなかった。Tくんは友達との強いつながりを通して、学びの本当の楽しさにふれるに至ったのではないだろうか。十二月から二学期いっぱい、Tくんは再びきちんと学校に通い始めたのだった。そして、このTくんが自分を立て直したことに象徴されるように、十二月には「倒立前回り」の取り組みもクラス全体で結晶し始めていた。「ステージ倒立前回り」という奇抜な練習方法やそのアレンジ、そして何より子どもたちどうしの補助や教え合いにより、ほぼ全員が「倒立前回り」を完成したのだった。

おわりに

ふり返ってみると、子どもたちに取り組みの「結果だけを求めない」が、本当にぼくにできていたのだろうか。これができなかった分だけ、子どもたちは重たくなってしまったのではなかろうか。

十一月半ばにYくんとNくんを叱りつけたことが、このことを如実に表しているように思う。そして、人一倍自分自身に結果ばかりを求めていたIさん。しかし、現実にはできないことの多いIさんは、いつしか結果を出さなければ自分自身をほめられなくなっていたのではないか。そんなIさんに寄り添いながら進めてきた今回の取り組みでは、教育としての体育の取り組みの本質を、つくづく教えられた気がしていた。

ただ、それにもかかわらず、今年度のぼくには、子どもが「自分をかけて誠実に努力する姿」が少しは見えるようになってきたし、何よりそのことの大切さがまた少しわかってきたように思う。技術の完成度という点では課題が残ったかもしれないが、体育の実践を通しての子どもたちとのなりふり構わぬ関わりの中からすくい取ったこのことが、一番大切なことなのだと感じている。

ぼくは二学期を、YくんNくんの二人に特に心を残して終えることとなった。自分としてはそのときは精一杯であった。しかしやはりだめなものはだめだったと、きちんと自分で整理しておきたい。YくんNくんへの自分の傲慢な対応で心に引っかかりを覚えていた十二月いっぱい、ぼくは毎日通う教室が居心地が悪くて仕方がなかった。あの居心地の悪さ、あの感覚を忘れまいと思う。

しかし、子どもとは本当にありがたいものだ。三学期、なんだかわからぬうちに、いつのまにかYくんもNくんも「体育が大好き」と言ってくれるようになっていた。大縄や跳び箱などの体育の準備も、すっ飛んできて真っ先にやってくれるのだ。またこの二人と「ちぇっ、つまんねえな」のSくんは、三学期現在もTくんを教室につなぎ止める最大の力となってくれている。ぼくは二学期末、完全に落ち込み、無力感におそわれかけていた。そんなぼくを支えてくれたのは、なんとYくんとNくんだったのだ。なぜこの二人がそうしてくれたのかはわからない。ぼくとしては、体育の取り組みでこの二人に向かうときは真剣だったし、この二人への対応が間違いだと感じた後も本気で自分が間違いだと感じたことを受け止めようと努力はした。そしてたぶん、たったそれだけのことで、この二人はぼくを浮かび上がらせてくれたのだと思えてならない。ぼくは子どもたちに力をもらって毎日進んでいるのだと、そんな風に実感できた。初めてのことだった。

さて、力をもらっているといえばIさん。彼女はクラス投票の結果、堂々の児童会代表となった。候補者どうしの互選の話し合いで、なりたかった児童会副会長にはなれなかったが、しかしそれでも文句も言わずに我慢して立派な態度で書記に決まりましたと、ある先生が教えてくれた。

松永「Iさん。児童会書記だけに、ショキッとしなくちゃね」

I「……。先生こそ、しっかりしてください」

言うではないか。かわいいものなあ。肩をすぼめてニコッと笑うIさんを見てぼくは思った。（こんな短期間で自分を立て直し、学び、力をつけていった人間を、ぼくは見たことがない。Iさんてすごい子じゃないか！）

この記録に登場してきた子どもたちは、いずれもふつうは〝問題児〟と言われるような子たちだったかもしれない。しかしこの記録は「問題児でも問題児なりにやるではないか」という、そんなレベルの話として書いたのではない。この子たちは、たまらなく魅力的なのだ。どの子も最後は実に愚直に努力をした。子どもはみんな同じだ。一人残らず、もともとすばらしい力を兼ね備えており、自分の力を伸ばすことに対して実に誠実だった。大人よりはるかに柔軟に自分を否定されたことを受け止め、そして実に逞しく立て直していく。いったいぼくは、もとから彼らが備えていた力のどれだけを引き出してあげられているのだろうか。みんな、どの子もが、まだまだたくさんの可能性を持っているのだろう。変わるべき、学ぶべきは、ぼく（＝教師）の方であった。

教室に物語の場面をえがく
――国語〈六年〉「海の命」の授業

伊藤　真

追い求めているうちに、不意に夢は実現するものだ。

太一は海草のゆれる穴のおくに、青い宝石の目を見た。

海底の砂にもりをさして場所を見失わないようにしてから、太一は銀色にゆれる水面にうかんでいった。息をすってもどると、同じ所に同じ青い目がある。ひとみは黒い真じゅのようだった。刃《は》物のような歯が並んだ灰色のくちびるは、ふくらんでいて大きい。魚がえらを動かすたび、水が動くのが分かった。岩そのものが魚のようだった。全体は見えないのだが、百五十キロはゆうにこえているだろう。

興奮していながら、太一は冷静だった。これが自分の追い求めてきたまぼろしの魚、村一番のもぐり漁師だった父を破った瀬の主なのかもしれない。太一は鼻づらに向かってもりをつき出すのだが、クエは動こうとはしない。そうしたままで時間が過ぎた。太一は永遠にここにいられるような気さえした。しかし、息が苦しくなって、またうかんでいく。

もう一度もどってきても、瀬の主は全く動こうとはせずに太一を見ていた。おだやかな目だった。この大魚《たいぎょ》は自分に殺されたがっているのだと、太一は思ったほどだった。これまで数限りなく魚を殺してきたのだが、こんな感情になったのは初めてだ。この魚をとらなければ、本当の一人前の漁師にはなれないのだと、太一は泣きそうになりながら思う。

水の中で太一はふっとほほえみ、口から銀のあぶくを出した。もりの刃先を足の方にどけ、クエに向かってもう一度えがおを作った。

「おとう、ここにおられたのですか。また会いに来ますから。」

こう思うことによって、太一は瀬の主を殺さないですんだのだ。大魚はこの海の命だと思えた。


（「海の命」一部抜粋　光村図書）

二年前の授業の失敗から

二年前の授業での、そのときのことを私は今でも鮮明に思い出す。同じ六年国語「海の命」で、授業がまさに山場にさしかかろうとしていた場面の光景だ。

「太一はこのクエに『海の命』を感じて、このクエを殺してしまったら海の命がなくなってしまうのではないかって考えて、殺すのをやめようとしたんじゃないかと思う」

という大田さんの発言に「その通りだ」と共感しつつ、しかし私はこの発言をなんとかしてつぶさなければならないと考えていた。

この発言は間違っていない。それどころか大変にわかりやすい説明になっている。でも、これはやはり、まだ抽象的な説明の域を出ていないのだ。物語を読むということは内容を抽象的な言葉で説明するということではないはずだ、という思いに私はこだわっていた。

授業は中盤を過ぎており、私のあいまいな教材解釈と展開プランのせいで子どもたちは疲れを感じ始めていた。私もこのままではいけないという違和感を持ちながら、どうしていいかわからない混乱に陥っていた。

「海の命を感じた……」と大きな独り言を言いながら、私は次の発問をしなければならなかった。

「大田さんは、クエに海の命を感じたっていうけど、それは、いつ感じたの?」

教室に重い沈黙が訪れた。私は、苦しまぎれに次の問いを繰り出す。

「なんとなくはわかるけど、海の命を感じたんだとすれば、クエのこんなようすを見たときとかって、何かあるわけでしょう？　どう思う？……ほかの人も考えてください」

私の問いつめるような口調に大田さんは困惑してしまった。この子が悪いわけではない、こんな問い方をせざるを得ない流れの授業にしてしまっている自分が悪いのだ、という自覚を持ちながらも、自分を止めることができない私がいた。

重い沈黙をやぶって石田くんが、小さな声で発言した。

「たぶんだけど、間違いかも知れないけど……動かないで、じっとしている姿」

そのとき、私の中に強いイメージが広がった。そうなのだ。太一がクエに海の命を感じたのは、このクエの圧倒的でありながらじっとしている姿を見たからなのだ。だから、ここにえがかれている太一の感情を理解するには生命のかたまりのようなクエの巨大な姿や、にもかかわらずおだやかなようすを思いえがく必要があるのだ。この授業は、そうなるように展開すべきだったのだ。

こう思いついた瞬間、私は重苦しい教室の空気の中で自信なく発言する石田くんと私のあいだに、巨大なクエの姿を見たような気がした。いままで何度となく教材を読み返し、解釈に苦しんでいたことが、授業の最中に初めてつかめたような気がしたのだ。太一は、私の前にいま映像として現れているクエの迫力に、打ち砕かれるようにして殺意を失ったのだと。

しかし、時すでにおそく、授業は終盤にさしかかる。授業前半の冗長な私の展開に、もう子どもたちのエネルギーは尽きてしまっていた。クエの描写の部分に子どもたちの目をあらためて向けるのは不可能に思われた。子どもたちは、作品の核心部分に近づいていってくれたのに、私にはそれを生かし切ることができなかったのである。

新しい解釈との出会い

それから二年後、私は、再び「海の命」に取り組むことになった。この年の夏休みの頃から、大田さんや石田くんとのやりとりの最中に目の前に現れた巨大なクエの映像をくり返し思い出しながら、あのとき感じたことにこの教材の重要な鍵があるはずだと考え続けていた。父の仇である瀬の主を殺すために長い間漁師の修行をしてきた太一が、クエを殺さなかったのはなぜなのか。その答えを実感できるにはどうしたらいいのかと。そうして、また新たな教材解釈を書き上げた。この教材に初めて取り組んだときから数えると四度目の挑戦であった。

――「追い求めているうちに、不意に夢は実現するものだ」

父を失ったときから、太一はこの大魚を追い求めてきた。十年を越える執念。その夢が、不意に実現した。目の前に巨大なクエと思われる「青い宝石の目」がある。ついに、父を破った瀬の主を殺すときがきたのだ。場所を見失わないようにもりをさし、一度水面にあがり、思い切り息を吸い込み、再びもどる。

今度は、この大魚のようすが次々と目に飛び込んでくる。

青い宝石のような目。黒い真珠のようなひとみ。ふくらんでいて大きい灰色のくちびるに、刃物のような歯がならんでいる。動かすたびに水が動くのがわかるほどの大きなえら。百五十キロをゆうにこえる、岩そのものが魚になったような巨大なクエだ。

読者である私は、太一の目になって、暗い海中の岩の穴にひそむ、この巨大な魚の姿を精いっぱいの想像力を駆使して思い浮かべてみる。それでも実感できないほどの大きさ。何年も何年もこの瀬で生きてきて、巨大に成長してきた圧倒的な生命のかたまりのような魚。太一は、魚の鼻づらにもりをつき出す。しかし、クエは動こうとしない。

「そうしたままで時間が過ぎた」

「永遠にここにいられるような気さえした」

殺そうと思えば殺せるかもしれない状況なのに、巨大な力を持ちながら全く動こうとしないクエを前に、太一もまた、動けなくなってしまったのだ。

殺意のかたまりになっている自分を目の前にして、悠然と微動だにせず、静かにえらを動かし、おだやかな目で自分を見ている巨大なクエ。

「自分に殺されたがっているのだと思ったほど」に、その目はおだやかであり、その姿は太一の殺意など意にかけていない悠然としたものだ。太一は、圧倒され、呆然とし、何もできなくなってしまう。クエの圧倒的でありながらおだやかな姿は、太一のちっぽけな殺意など、ふきとばしてしまったのだ。

しかし「殺さなくては」と、太一はまだ頭では考えている。なぜなら、そのために何年も何年も努力してきたのだから。彼は「殺そう」という自分の意志をなんとかして奮い立たせようとする。そして、自分に言い聞かせるように「この魚をとらなければ、本当の一人前の漁師にはなれないのだ」と無理やり思うのだ。だから泣きそうになる。だが、そんな太一の小さな意志の抵抗も長くは続かなかった。

自分の殺意など、このクエの巨大さに比べれば、小さなとるに足らないものなのだと太一は悟る。そして自分の葛藤に終止符を打つ。この魚を殺すのはやめよう、と。

そのとき、太一は、ふと父親のことを思い、父と大魚を重ねたのかもしれない。「ふっとほほえんだ」のは、この魚を「おとう」と思うことにするという自分の考えに対するほほえみだったのかもしれない。あるいは、葛藤を終えたやすらかな表情だったのか。

「こう思うことによって……殺さないですんだ」とあるのだから、太一は、この大魚を本当に「おとう」と思ったわけではない。むしろ、「大魚はこの海の命だと思えた」とあるように、この巨大なクエは、太一や父や与吉じいさにめぐみを与え続けてくれたこの海の豊かな生命の象徴のようなものだと思えたのではないだろうか。――


なぜ、クエの姿にしぼった教材解釈にしたのか

この作品では、前半の部分にえがかれた与吉じいさの存在と、与吉じいさとのかかわりを通して成長していく太一の姿が重要な意味を持っている。

海のめぐみとともに生きる村に太一は生まれた。太一の父は、村一番のもぐり漁師だった。太一は、幼い頃から父のような漁師になることが夢だった。しかしある日、父は漁から帰らなかった。瀬の主と呼ばれる巨大なクエと格闘の末、水中でこときれていたのであった。

そのときから太一は、父を死においやった巨大なクエを追い求めることとなる。

太一は、中学を卒業する年の夏から、父の死んだ瀬で一本釣りの漁師をしている与吉じいさに無理やり弟子入りする。与吉じいさは、「千びきに一ぴきでいいんだ。千びきいるうち一ぴきをつれば、ずっとこの海で生きていけるよ」と独り言のように語りながら太一に自分の漁の姿を見せていった。そうして何年もかかって、太一は父と同じように村一番の漁師になった。また、人間が海のめぐみにささえられて生きていることや、命が海に帰っていくことなどを与吉じいさの言動から学びとっていった。

こうして与吉じいさの強い影響を受けながら屈強な若者に成長した太一は、ついに父の瀬にもぐるようになるのだ。それからさらに一年たったある日、父を破った瀬の主に出会うのだった。ところが、最後にきて太一はクエを殺すのをやめてしまう。

私が、授業の中心場面としているのは、瀬の主にとうとう出会い、仇を討つ機会を得ながら殺さないことにする、という場面である。

太一はなぜ長年の宿敵であった瀬の主を殺さないのか？　と考えたとき、それまでの太一の成長の過程を結びつけて考えることは自然なことだと思う。にもかかわらず私の教材解釈は、そこに一切触れていない。意識的に触れなかったのだ。たしかに太一は、与吉じいさに漁師として育て上げられる過程を通して、自分たち人間が海のめぐみにささえられていることや、命が海に帰って行くものだということを学んでいる。太一が瀬の主を殺さなかったのは、与吉じいさに学んだことが大きく影響しているに違いない。瀬の主の姿に海の命を感じとり、「殺せない」と思うのも、そこに「おとう」の姿を重ねるのも、これまでの太一の成長の結果かもしれないのだ。授業の中心に、与吉じいさのことを扱うのは当然かもしれない。

そう考える一方で、この作品の最大の山場であるクエを殺さない太一の内面に迫る授業を想定するとき、与吉じいさの言葉や太一の成長をからませていくとどうしても説明的な授業展開になってしまうと私は思った。「与吉じいさの教えを思い出して、太一はこのクエを海の命だと思ったのだ」というような発言をする授業になる気がするのだ。こうした発言は、決して間違いではない。それどころか、とても重要な読み方だと思う。しかしこの場面では、まず子どもたちが巨大なクエと対面するということが、それよりも重要だと私は思うのだ。なぜなら、太一の中に積み重なってきた与吉じいさの教えは、この巨大なクエに出会うことで瞬時に太一の中で結晶したのだと私は思うから。だから、この場面を扱う授業ではあえて、「巨大なクエの姿を子どもたちの中にえがかせる」という一つのことに目標をしぼろうと私は考えたのだ。

「なぜクエを殺さなかったのか？」──→「巨大なクエに圧倒されたから」

という流れの授業にしたかった。

子どもたちが巨大なクエの姿を想像するということは、太一と同じように大自然の荘厳な姿に一瞬触れ、大自然の前では人間なんてちっぽけに映るという経験をすることになると私は思った。そして、それがこの作品にえがかれた「海の命」を読者が感じとるということでもあるはずだと私は思ったのだ。

指導計画で意識したこと

太一がクエを殺さないという最大の山場の授業を迎える前までに、どうしてもはっきりさせておきたかったことが二つあった。

一つは「瀬の主の大きさのイメージ」である。いくつかの叙述から推測して、ゆうに一五〇キロは越えているクエというと相当な大きさである。少し大げさに言うと教室の黒板の長さに近いほどどもあるイメージなのだと思う。子どもたちが最初に教材に出会ったときに、このことは共有しておきたいと思った。そうすることで、読むたびに巨大なクエに思いをはせることが可能になると思ったからだ。

もう一つは、太一が本当に瀬の主のことを「おとう」と思ったわけではないという事実である。ここがあいまいなままでは、必ず子どもたちは混乱する。大事な話し合いの前までに機会を見て、このことは解決してしまうことにした。

その他にも重要な伏線である「おとう」や「与吉じいさ」の人物像や村の温かい雰囲気、そして与吉じいさの考え方が出ている言動などについて一つひとつ押さえていく必要がある。そうした伏線の押さえを、話し合いによるものでなく個人個人の学習の形にしたというのが、今回の私の工夫だ。子どもたちから出た感想や疑問をもとに場面ごとに学習プリントを作り、瀬の主に出会う前までの場面については一時間ずつそのプリントに取り組ませた。大事なことだけはプリントの答え合わせのような形で確認しあったが、あとは、一人ひとりと私が対話をしたりプリントにアドバイスや励ましの言葉を書いて渡したりする形をとった。だから、山場の話し合い以外には全体で時間をかけて話し合うことをしていない。そうすることで、話し合うよりも一人ひとりの読みが確実になっていくことを期待したのである。

また、伏線を押さえつつ意識的に強調していったのは、太一の殺意が高まっていったという読みである。「無理やり与吉じいさの弟子になった」「母の悲しみさえも背負おうとしていた」「壮大な音楽を聞いているような気分になった」「とうとう、父の海にやって来たのだ」「二十キロぐらいのクエも見かけたが……興味を持てなかった」などという叙述を、すべて太一の殺意の高まりとしてとらえさせていった。これらの叙述は、違う角度から見れば必ずしも殺意の高まりを示しているとは言いきれない面も持っている叙述である。しかし、私は、あえて山場をむかえるまでの殺意の高まりとして子どもたちが感じとるような流れをつくる指導計画とした。そうすることで、太一の感情の激しい変化を強く感じとることできるようにしたかったのだ。

物語の核心に向かって——授業の記録

授業の中で子どもたちと私のくい違いを修正する

私はもちろんだが、子どもたちも今日のこの授業が「海の命」の核心部分に触れる授業だと感じとってくれていた。教室には静かな緊迫感のある空気が流れていた。

最初に、太一が「青い宝石の目」を見たときには殺意があふれていたはずだということをみんなで確認し合ったあと、私は、太一の気持ちを考えるきっかけとなる大事な問いを子どもたちに投げかけた。

「この場面の最初の『青い宝石の目』を見たとき、太一の気持ちは、『絶対倒すぞ』だったね。でも、最後は、殺さないという気持ちになっている。ということは、どこか、この場面の途中で殺さないという気持ちが生まれたわけでしょ。意味わかる？」

全員の顔を見まわしながら、子どもたちが集中して私の説明を受けとめているようすに安心し、さらに続ける。

「どこかで、殺さないという気持ちが生まれたはずだ。だとすると、この場面のいったいどこで、殺さないという気持ちが生まれたのか？　これを考えると、どうして殺さなかったのかという、ずっとみんなで考えてきた問題の答えもわかってくると思うんだよ」

言いながら私は、この問題を板書し、一人ひとりが音読するように指示を出した。めいめいの音読が終わり、さらに二人の子に代表で音読してもらったあと、授業を次の段階に進める。

「で、どう思う？　どこで、殺さない気持ちが生まれたのか？」

「瀬の主は、全く動こうとせずに、太一の方を見ていたというところ」

「水の中で太一はふっとほほえみっていうところだと思います」

板書している間、子どもたちは次々と発言していく。今までこうした話し合いで一度も発言したことのない子までが、発言している。子どもたちの勢いをうれしく思いながら、しかしもう少し前の叙述に着目してほしい、と私は考えていた。

ところが、期待とは裏腹に、子どもたちの目はむしろ後ろの方の叙述に向けられていた。

「大魚はこの海の命だと思えた」

「おとう、ここにおられたのですかというところだと思います」

本当は、もっと前の部分を問題にしたいし、そうすべきなのだ。しかし、そこに誘導するようなことはしてはならないと思った。誘導するのではなく、子どもたちが発見していくような流れを作らなければならないのだ。できるだけ冷静なようすをよそおいながら、私は板書を続けた。

①全く動こうとせず
太一を見ていた

おだやかな目
殺されたがっている
②こんな感情になったのは初めて
③本当の一人前の漁師には……
泣きそうになりながら思う
④ふっとほほえみ
⑤おとう……
⑥大魚は、この海の命

板書をしながら、私は子どもたちの意見の①や②の部分を問題にして瀬の主のイメージをふくらませようと考えた。また、できればそれよりももっと前、「永遠にここにいられる」「鼻づらに向かってもりをつき出すのだが、クエは動こうとはしない」の部分に子どもたちが気付いてほしいと思っていたのだった。

「で、自分は、このうちのどれが正しいと考えるか、理由をつけて言ってほしい」

私がそう促すとさっと数人の手があがった。子どもたちの反応のよさに安心する。ここからが、大事なのだ。板書の前半の部分を問題にするような流れができることを期待しながら、以前から太一の気持ちに鋭くせまっていた水野さんを指名した。

「私は『ふっとほほえみ』のところだと思うんですけど、なんでかというと、そこで初めて笑ってるから、ここで初めて、違う考えになったんじゃないかなって思いました」

期待に反して、水野さんは意外に後半の方を考えていた。私はあせった。次々と何人もの子が発言する。しかし、話し合いはますます私の意図する方向から離れ、後半の部分へと集中してしまった。

「僕も『ふっとほほえみ』なんですけど……」と東くんが言った。そして続けて、

「『本当の一人前の漁師にはなれない』『泣きそうになりながら思う』というのは、殺すか殺さないか、まだ迷っているんだと思うんです。それで、そのあと、殺さないってはっきり決めたからほほえんだんだと思う。だから、殺さないと決めたのは『ふっとほほえみ』のところだと思います」

と理由をつけたした。

普段から明晰な説明のできる東くんのこの発言を聞いて、ようやく私は子どもたちと私の間に起きていたくい違いに気付いた。この子たちは「殺さないと決めたところ」を考え

ているのだ。思いのほか後半の部分に発言が集中していたのは、このせいだったのだ。

考えてみればこれは無理もないことだった。子どもたちは、「なぜ太一が瀬の主を殺さなかったのか」という疑問については何度も何度も考えてきているのだが、「瀬の主を殺さないという気持ちがいつ生まれたのか」という問いに出会ったのは、この時間になって初めてのことなのだ。ずっと前からこの問いを温めてきている私とは違うのだ。だから、いくら私が「殺さないという気持ちが生まれたとき」という言葉を使い、板書にもそう書いたとしても、子どもたちがすんなりと問題をとらえることなどもともと無理だったのだ。もっと明確に、あるいはていねいに、問題をぶつける必要があったのだ。が、あとの祭りである。なんとかして問題をとらえさせなくてはならないのだが、どうすればいいのか。

結局は、そのままストレートに説明をくり返すことしか、私は思いつかなかった。

「殺さない気持ちが生まれたところと、殺さないと決めたところでは、意味が違うよね。つまりさ、殺さないって最後は決める。殺さないって決めるところがある。でも、青い宝石の目を見たときは、殺さないっていう気持ちは……」

「ない」「全然ない」

「ゼロだったわけだよね。それが、最後には、百になるわけでしょ、『殺さない』わけだから。最初はゼロからなんだから、一になる瞬間って言ったらいいかな、生まれた所って考えたらどう？」

言いながら、私の顔が熱くなるのがわかる。こんな説明をくどくどとしていていいのだろうか……と。しかし、一人の子が即座にこの説明に反応してくれたのだ。

「だったら、『泣きそうになりながら思う』のところで、殺さない気持ちが生まれたと思う」

なんという反応のよさ。この発言で授業は息を吹き返した。うれしくなりながら、私は理由を聞いてみた。

「泣きそうになりながら思うっていうんだから、殺すか殺さないか迷っているところだから、ここで、生まれたんだと思う」

あっさりと説明するこの子に感動していると、さらに水野さんが鋭い意見を続けた。

「じゃあ、こんな感情になったのは初めてっていうところだと思うんですけど、いままでは、ずっと殺そうと思ってて、ここで初めて殺さないかどうか迷ってるってことが『こんな感情になったのは初めて』って意味だと思うから」

水野さんの鋭い感覚がここまで生きてこなかったのは、なんのことはない、問題を明確に伝えられなかった私の責任だったのである。

「そのとき、太一の目には、何が見えていたの?」と、いつ問うか

さらに大山くんがつぶやいた。

「おだやかな目……と思う」

さっきは、「おとう、ここにおられたのですか」の所だと発言して私をあせらせた大山くんなのに、問いが明確になったとたん何かを感じたのだ。大山くんは、直感的にものをとらえる力のある子だった。

つづいて、いつもなら話し合いで活躍する島谷さんが、さっきからほんの少し腰を椅子から浮かせながら何度も手をあげようと迷っていることに気付き、島谷さんに発言をうながした。

「私は、『全く動こうとせず』のところだと思うんですけど。ここから他の魚とは違うことが起きていて、このクエが全く動かないとか太一をおだやかな目で見ているとかとあるから、そのときに『殺さない』という気持ちが生まれたと思う」

期待通り、核心をついた発言だった。私の投げかけた問題の意味をとらえた子どもたち

は次々と感じたことを出し始めた。

「おだやかな目だから……」

クエの姿を追っているような目をしながら、二人の子が同時につぶやいた。

「抵抗してこないから……戸惑っている」と、また別の子。

いま子どもたちは、初めてこの巨大なクエの異常とも言える姿に出会おうとしている。ここを拡大していくことこそ、私が求めてきたことなのだと自覚しつつ、高まる気持ちを抑えながらみんなに問う。

「普通、抵抗する?」

「うん」と数人の子が声に出して答える。大丈夫。ちゃんと子どもたちはついてきている。

「抵抗っていうと、むかってくるとか?」

「暴れる」

「逃げる」

クラス全体に広がり始めたクエの映像に触発されたように、水野さんがさっきよりもさらに太一の気持ちにせまった発言を始めた。

「黒板には書いてないんだけど、もしかしたら、『そうしたままで時間が過ぎた』っていうところで、『太一は、永遠にここにいられるような気さえした』と言うんだから、そこから殺さないという気持ちが生まれていると思います」

私は、この意見がいままでの意見よりもさらに前の部分であることをみんなに確認しなければならないと思った。

「水野さんが、どこを言っているかわかる？ ①番よりも前？ あと？」

すると、数人の子が即座に力強く「前」と答えてくれた。確認しなくても十分に、子どもたちはこの考えをとらえていた。つづいて、私は水野さんに理由を問う。

「普通だったら、すぐに苦しくなって浮かんでいくんだけど、このときには、永遠にここにいるっていうんだから、ずっとここにいても、考えるみたいな感じになっているから、ここから殺さないという気持ちが生まれていると思う」

水野さんの発言を聞きながら、私はこのとき、別のことに思いをめぐらせていた。

こうした発言に対して「じゃあ、なぜ永遠にいられるような気がしたの？」とか「考えてるみたいって言うけれど、何を考えているの？」などという問いを投げかけていくことは可能かもしれない。感覚の鋭い水野さんなら答えてくれるかもしれない。しかし私は、そういう問答をして太一の内面を説明することが、物語を読むということではないような気がする。また、そういう問答を進めていくことでは、クラスの全員の子と共有できるものは少ないような気もした。そうではなく、私はここで「そのとき、太一の目には、何が見えているの?」と問いたいと思った。

この問いは、昨晩私がつくった最終的な展開メモに書いていたものである。この問いが成立することが、この授業の最大のポイントではないかと考えていたものだった。しかし、いったいどのタイミングでこの問いをぶつけたらいいのか決められないでいたのだ。

この問いを出すのはいましかない、と私は判断した。

「そのとき、太一の目には、何が見えてるの?」

「瀬の主」と数人の子が答える。

「瀬の主だよね、……瀬の主が見えている」

言いながら、私は目の前に瀬の主の姿を思い浮かべた。ちょうど、二年前の教室でのできごとと同じように、同じ映像が子どもたちにも結ばれることを願いながら、である。

「瀬の主ってさ、どんな……」

私が言い終わるのを待たずに、ため息をつくような声が聞こえた。

「でっけえ」

子どもたちは、次々とクエを描写する言葉を言い始めた。教科書を見るわけでもなく、もう覚えてしまっている本文の言葉や、本文になくても自分が想像しているクエの姿を形容する言葉を。

「歯がすごい」

「こわい感じ」

「目が黒い真珠」

「くちびるはふくらんでいて大きい」

「息をすうだけで水が動く」


大魚の映像を補足して太一の気持ちにせまる

子どもたちにこれ以上の表現を求めるのが無理なことは、わかっていた。この教材には、これ以上の描写はされていないのだ。しかし、この描写だけでは強い殺意を持った主人公が殺すのをやめるということを読み手が納得するには弱いのではないかと、私は考えていた。

ここは、イメージを補い、ふくらませる必要のある部分なのだ。そのために私は、この魚の強烈な迫力を拡大しつつ、それなのに「おだやかな目」で「まったく動こうとしない」というギャップの大きさを強調するという方法を考えていた。

「で、あたりまえのことを確認するんだけど、この魚って、弱々しい魚?」

「ううん、強い」

「強いよ」

「凶暴みたいな感じ」

「そう。ものすごく強い。もし戦えば、すごいわけだ。ところが、この魚は……」

言いかけると同時にたくさんの子が発言して聞きとれない。やはり子どもたちも、この魚の不思議な姿に感覚的には気付いていたのだ。それが、いま、ところを得て吹き出すように言葉になっているのだ。子どもたちがエネルギーを出し終わるのをしばらく待ってから、私は一人の子を指名して、授業を進めた。

「この魚は、全く動こうとしない」

「そうだね。そして目は?」

「おだやか」

「太一はそれを見て、永遠にここにいられるような気さえしたんだ」

クエの映像は、広がった。ここでなら、太一の気持ちを聞いていいのかもしれない。子どもたちもクエを目の前にした太一のように、しんと静まっている。

「……どんな気持ちでいたんだろう、太一は」

「どうして、抵抗しないいんだろう?」

「おとう」

「与吉じいさの言葉を思い出した」

子どもたちが太一の内面に近づいてきたと私は思った。しかし、太一の気持ちを作品にない言葉で表現することは難しいのだ。無理にそれを求めれば、私が否定的に考えてきた説明的な読み方になってしまうだろう。だからここで、「おとう」や「与吉じいさ」が出てくるのは仕方ないことだ。それどころか、ここで「おとう」や「与吉じいさ」を結びつけて考えている子どもたちは、見事な読み方をしていると言ってもいいくらいだ。でも、ここで「おとう」や「与吉じいさ」とつなげて、この部分の読みとりを深めていく道を選べば、授業は説明的なものになり、この場面の迫力を感じとるという私のねらいからは、遠ざかってしまう、と思った。

私は行き詰まってしまった。クエのイメージを広げることに成功したいま、そろそろ退却のときがきているのではないか、とも思う。子どもたちが、次の私の言葉をじっと待っているのを感じた。

不安な気持ちのまま、うまくいくかどうかわからないが、補助として考えていた問いをぶつけてみることにした。ゆっくりと、全員の子の顔を見ながら、私は次のように問うた。

「ちょっと違うことを聞くんだけど、太一は、瀬の主をこれまで見たことがあったんだろうか?」

子どもたちは一斉に「ない」という反応を示した。

「ないよね。でも、瀬の主を殺そうっていうふうに思ってから何年たった?」

「二十年くらい」

「二十年くらいたっただろうっていうのがみんなの考えだったよね。そのあいだ、一度も見なかったんだけど、太一は、瀬の主のことを想像したことはなかったと思う?」

「あった」と子どもたちは答えた。

「あったよね。だって大きな目標だったわけでしょ。こういう魚だろうか、ああいう魚だろうかって、想像するよね。そのとき、これは、まったくどこにも書いてないから、自由に考えていいんだけど、太一が『たぶんこんな魚だろう』と、想像したときの魚の姿って、どんなだったと思う?」

「父を破った魚だから、抵抗したり怖いっていう感じだと思う」

「目つきが鋭くてくちびるはもっとすごい」

子どもたちは次々とこの魚の凶暴なイメージを想像し、発言した。長い間、父の仇として追い求めてきた魚を太一の心の目となって想像すれば、当然、凶暴な映像が浮かんでくるはずなのだ。太一にとってこの魚は、憎しみの対象であったのだから。子どもたちは、今までの読みとりの中で、この魚の凶暴な映像を太一とともに漠然と想像していたのである。それが、今、私の問いに触発されて、はじめてはっきりとした形になり、言葉になったのだ。いま子どもたちが発言している太一の想像した瀬の主と、実際の瀬の主の姿のギャップの大きさを強調すれば、もう一歩踏み込んで太一の衝撃にせまることができるはずだ。

「そういうふうに想像していたんだけど、もりを鼻面に突き出したとき、どうだったんだ?」

「全く動かない」「じっと見ている」「見つめている」と、子どもたちはつぶやく。

「うん、見つめる状態になった。そして、海面に上がって息をすってもどってきても……」

「まだ、いる」

「動こうとしない」

「おだやかな目だった」

子どもたちは、私の問いに次々とテンポよく答えてくる。教室の空気は一つになっている。

「だから、予想と比べて……」

「全然違う！」

「正反対！」

太一の気持ちを言葉に置き換えたり説明したりするのではなく、今、子どもたちは太一の受けた衝撃に肉迫しつつあるのだと、私は思った。

「いま、こうやって、海の中に入っていったときの太一の気持ちをずいぶん想像したわけだけれども、もう一回この問題を振り返ってみてください」

私は、板書を指しながら、もう一度子どもたちに問いかけた。

「どこで、殺さないっていう気持ちが生まれたのだろうか?」

再び、沈黙が訪れる。しかし、重い沈黙ではない。静かに考えにふけっている豊かな時間だと私には思えた。子どもたちは、復讐に燃えて瀬の主と対面した太一と自分とを重ね合わせている。そして、巨大でありながらおだやかなクエの映像を思い浮かべ、「殺さない」という気持ちが生まれてくるという太一の心の動きをなぞろうとしているのだ。

一人の子が、沈黙をやぶって、静かな口調でしゃべりはじめた。

「ということは、想像と違うっていうことになるから……えっと、見つけた瞬間」

そうなのだ。出会ったそのときにすでに太一は衝撃を受けていたのだ。私は、君たちにそう感じとってほしいのだと思いながら、しかし、私はわざと聞く。「見つけた瞬間」というとらえ方では、まだあいまいなのだ。

「青い目を見た瞬間?」

「いや、それは……」

教室にざわめきが広がった。二人の子が「鼻面にむかってのところかなあ」と話し合っているのが聞こえる。と、二人同時に教室のざわめきを飛び越えてはっきり聞こえる声で言い始めた。

「だったら、鼻面にむかってのところだ！」

そうなのだ。もしかしたら太一は鼻づらにもりをつき出した瞬間に、クエの神々しいまでに巨大でおだやかな姿を目にして殺意とは違う感情に押され始めたのかもしれないのだ。

「そうかもしれない。でも、最初に言ったように、これは、正解はないのだからね」

私は、ここか、それ以前ではないかと思っている。だからこそ、そこに誘導するような言い方にならないように「正解はない」「自分の感覚を大事にしてほしい」と子どもたちに伝えたつもりである。そういう前提の上で、しかしこのような読み方もあるということを確認すればいいのだと思っていた。決定的な叙述上の根拠はないのだ。

「いまの意見は、鼻づらにむかってもりをつきだしたとき、もちろんまだ殺す気はいっぱいあるんだけど、でも、殺さないという気持ちが生まれたかもしれないと言ってるんだね」

しばらくの間、この問題をめぐってざわざわと話し合いの声が続いた。子どもたちは、それぞれの感覚で太一の受けた衝撃を感じとり、この場面の映像や太一の気持ちの変化をさまざまに想像しているのだった。

叙述からはっきり読みとれることを確認する

ここまでで、クエのようすを想像し、そこに対面している太一の気持ちに近づくことができた。この辺りで最初の問いだった、「どこで殺さないという気持ちが生まれたのか」についての結論を得ないと、何をやっているのかわからなくなる危険があると思い、かねて考えていたように、少なくとも泣きそうになるよりも前に「殺さないという気持ち」が生まれていたことは確かだという確認をした。そうして、板書の「泣きそうになる」以後の部分に×印をつけた。また「鼻づらにむかってもりをつき出す」の部分は今までの発言よりさらに前であることを確認した。その上で、どこの部分で太一の心に殺さないという気持ちが生まれたのか自分の考えを決めてほしいと子どもたちに言った。

「じゃあ、①番だな」などと、子どもたちは自分の考えを言い合っている。

ここで自分なりの考えを持って音読をし、それぞれの想像の世界で太一が感じたことをじかに教材から受けとめればそれでいいのだと私は考えた。

音読のあとに、一人ひとりがどの部分を選んだか聞いてみた。「もりをつき出す」という子が三人。「そうしたままで」が十人。「全く動こうとせず　太一を見ていた　おだやかな目だった」が残り全員。「それぞれ、自分の感じたことを大事にしてください」と言いながら、私は、授業の終着点をさぐり始めていた。

ここで終わってもいいのだ、とも私は考えていた。しかし、子どもたちにとっての大きな問題「どうして瀬の主を殺すのをやめてしまったのか？」の答えをはっきりと言葉にしていないということが、やはり気にかかっていた。そこで、最後にこの問題について子どもたちと話し合ってみた。子どもたちは、「瀬の主のおだやかな目や行動や正々堂々とした姿に心を動かされた」とか「まるで人間より上の位にいるように感じたのだ」とか『海の命』と言えるくらいすごい魚だと思ったからだ」とか「偉大な魚だ」などという表現で、太一が何を感じとり殺すのをやめたのかを言葉にしていった。

しんとした雰囲気の中で、子どもたちは互いの考えを聞き合っていた。そのようすを見ながら、私は言いようのない満足感を覚えた。最後に「誰か代表で音読をしてほしい」と私が言ったとき、話し合いでは発言しなかった子が、はりきって手をあげている姿が何よりうれしかった。

おわりに

物語を読む授業をどのように展開していったらいいのか、私はずっとつかめずに悩んできた。また、物語の授業を成立させることを自分の課題にしてもきた。私自身は物語を読むことが好きで、それなりの読みとりができるつもりでいるのに、中途半端な読者である私が授業をするとどうしても私の読みとりを説明するような、押しつけのような重い授業になってしまうのだった。

研究会の先輩達のすばらしい実践や、書物として出版されている過去の見事な実践にあこがれながら、私は本来物語を読むのは子ども一人ひとりであり、作品が優れていればいるほど、子どもは自分で大事なことをちゃんと感じとっているものだという、いま思えばあたりまえのことに気付くようになった。だから、まず子どもが一人で読む段階を十分大事にして一人ひとりの子どもの中に深い読みとりが成り立っていくことを助けるのが、物語の授業での最初の仕事なのだと考えるようになった。そして、いわゆる一斉授業という形式の話し合いを行う場合は、あくまでも子どもの中にあるものを引き出し、拡大したり確かめたり交流したりできる条件をつくる必要があるだけで、そこであらためて新しい解釈を説明するというものではないのだと考えるようになった。

そのために必要なのが、明確で深い教材解釈なのだ。なぜなら、子どもの中にあるものを授業の展開の中で生かすということは、発問の並んでいる展開案を自在に変更して、しかも深い読みにたどりつく方向を見失わない必要があるからだ。そういう展開をするためには、授業の展開案がシナリオのようなもの、手順を書いたものに見えていてはだめなのだ。自分の心の中に教材解釈が深く刻みこまれていて、子どもの発言に応じて展開案に書かれた手だてを自由に操れなくてはだめなのである。

今回のこの実践で私が展開案を自在に操れたとは、お世辞にも言えない。むしろ苦心惨憺ようやく授業が次に進んでいくというような実践であった。しかし、私はようやく子どもたちと一緒にそこにえがかれた映像や感情を共有する授業ができたと感じている。解説や説明ではない、物語の世界に入る授業に少しだけ近づけたように思うのだ。

また、こうした国語の授業としての私の課題とは別に、授業の持つ別の力というものも私は感じるようになった。

この授業のころ、子どもたちは学級集会としてハロウィーンパーティーを企画していた。六年の後半に入っていたので、私は全面的に子どもたちに集会の企画運営を任せることにしていた。集会当日、ふたを開けてみると、司会進行や一つひとつの企画内容に多少無理があったのだが任せた以上仕方ないと思い、私は最後まで口をはさまなかった。ところが、集会はとても温かい雰囲気の中で楽しいものになっていったのだった。企画や運営に多少無理があっても、そこに協力しようという関係ができていれば互いに補い合って十分に楽しいものになるのだというお手本のような集会だった。最後に歌った合唱に子どもたち自身が感動していた。涙ぐむ子までいて、まだ卒業には早いのになあなどとからかわれていた。

こうした学級の成長と、この授業との関係は実証的に説明できるものではない。しかし私は、経験的にこうした授業と学級の成長はつながっていると感じている。なぜなら、教師の私が全力でぶつかった授業に取り組むときかならず、同じような現象が学級に起こってきたからである。

最後に、私がいま大事に思っている喜びについてふれておきたいと思う。

この時間の授業をむかえるまで、私はずいぶんと苦しい思いをした。最も苦しんだのが教材解釈だ。今回の教材解釈に至るまでに、私は四回もこの教材の授業研究に挑戦してきた。そのつど、何回となく教材解釈を書き直してきたのだから、合計したら相当な回数になっていると思う。また、そのたびに研究会の先輩たちにアドバイスを受けたり、あるいは否定されたりしながらようやくたどり着いたのが、今回の教材解釈である。一人では決してできないことだったと思う。

また、展開案を考えるということも苦しかった。これも四回目にして初めて見通しが持てるようになった。それでも、完璧な展開案など存在しないということを実感している。考え抜いた上に展開案を捨てて、目の前の子どもを見て子どもたちとともに授業を創っていくものなのだ。

ずいぶんと苦しい思いをしたが、しかし、授業の前日や当日の朝、自分の解釈や展開案を胸に秘め、子どもの前に立つことは喜びでもあった。四度目の挑戦なのに、今度もまた敗北かもしれないという不安と戦いながら、それでも新しい自分や新しい子どもたちに出会えるかもしれない、という期待に胸をときめかせることのできるこの仕事の喜びを、私は大事にしたいと思った。

私の今回の授業には、多くの問題もある。教材解釈は極端に限定したものになっているし、展開の中にも無駄が多い。授業に入るまでに子どもたち一人ひとりの強さを育てていくこともまだまだ不十分だった。

しかし、私のいままでの仕事の積み重ねの中で言えば、今回ほど自分の教材解釈を心に刻みこめたことはなかったし、今回ほど授業の中で子どもの内面を見つめながら展開ができたことはなかった。ここでの経験をまた土台にして、もっと一人ひとりを強く持った子どもたちを育て、より深い教材解釈を持って、子どもと一体感を味わえる豊かな時間を創っていきたいと思っている。

《解説》

子どもを拓き、つなぐ営み

箱石泰和

本書は私たちの研究サークルから生まれた二冊目の実践記録集である。「教授学研究の会」の支部として活動をはじめてから四半世紀、遅々たる歩みではあるが、私たちは一貫して会の創設者である斎藤喜博の仕事に憧れ、学び続けて仕事を積み上げてきた。二〇〇一年に刊行した『授業＝子どもとともに探究する旅』（教育出版）はその一端をまとめたものであり、本書はその続編にあたるものである。

ここに収録された五編の実践記録は、とくにテーマを決めて書かれたものではない。しかしその内容には、この時期の私たちの活動を反映したある共通の課題意識が流れている。以下、それらをできるだけ汲みとり明らかにしながら、それぞれの記録に私なりの感想を付すかたちで「解説」に代えることとしたい。

菊次哲也さんの記録は、学校という場で、学級を拠点にして「子どもを育てる」教師の営みを、一学期に焦点を当てて紹介したものである。

言葉づかいや掃除の問題、遊びやゲームなどの事例をあげながら、それらを通して子どもどうしをつなぎ関係を編み変えていく仕事が、いかにも菊次さんらしい個性をにじませながらこまやかに示されている。それらは学級のあり方についての菊次さんの明確な理念と、それを具体化していく独自の方法に支えられたものだ。

なかでも、新しく担任した子どもに「クラスとは何か」について考えさせる挿話は示唆に富む。クラスは実体、物でなく「関係」であること。それはたとえていえば「教師と子どもの関係を縦糸とし、子どもと子どもの関係を横糸として編み上げる織物」のようなものだ、と菊次さんは子どもたちに語る。「一本一本の糸を強く育てていくこと」で素敵な織物ができあがれば、いじめや学級崩壊などは起こりえない。だから「クラスを常に『物』や『実体』としてではなく『関係』としてとらえ、関係を育てていくという視点は教師に欠かせないことではないか」と菊次さんは考えるのである。

そうした「関係」づくりを、菊次さんは日常的な学級生活の営みを通して着実に実現していく。徳目の押しつけや説教によるのでなく、事実に即し、実感を通して子どもたちに納得させていくその方法は理にかなっていて的確だ。四月は、こうして子どもの関係づくりと基礎学力の診断が重点になる。

五月になると授業の比重が徐々に増してくる。四月のような関係づくりはここでも基本になるが、しかしそれだけでは次の段階には進めない。そこで、ときにはあえて「居心地のよい関係を壊す」ということも必要になる。そのことを菊次さんは「〝事件〟を起こす」という言い方で表現し、次のように述べている。

——〝事件〟を通してクラスの関係を編み変えていく。一つの事件が起きてもやがてその新しい波紋は日常の関係となる。その関係を壊してまた違う子どものよさや子どもたちの力を育てる、ということを繰り返して子どもたちの関係を高めていかなければならない。こういう仕事は「授業」を通してしかつくり出すことはできない。——

ここで菊次さんが念頭においているのは、おそらく次のような斎藤喜博の言葉だろう。「授業のなかに緊張関係をつくり、衝突・葛藤をつくり出すためには、事件を起こすことも一つの方法である。事件といってもここでいうのは、喧嘩口論とか悪い意味での問題を起こすようなことではない。意識的にバランスをくずし、バランスをくずすことによって平凡と思える事実から事件をつくり出し、学級や子どものなかにある思考や感情の変革

をうながしていくことである」（『斎藤喜博全集６』、二二五頁）

意識的にバランスをくずすことによって事件をつくり出し、学級や子どもの思考や感情をより高次なものへと変えていく。そんな学級では誰は算数ができるとか、誰は跳び箱がうまいとかというような固定した順位は消えていく。「学級とか学校とかは、そういうものになっていなければ、全体も上がらないし個人も上がらないのである」と斎藤は言うのだが、菊次さんのバスケットボールの授業はそのことをみごとに実証してみせてくれている。

そして六月。いよいよ授業で勝負をかける時期がやってくる。適切な教材を選び、必要な時間を割り振り、ねらいをしぼって、子どもたちにみんなで考え追求するたのしさを実感させる工夫、力量が教師に求められる。ここでは国語と理科の授業の概略が紹介されているだけだが、子どもの感想文とあわせて読むことで、私たちはその内容の豊かさと子どもにとっての意味を十分に汲みとることができるだろう。

続く中野やす子さんの記録は、新しい学校に赴任し、二年生の担任として困難な学級を受け持った年度の仕事をまとめたものである。問題を抱えた子への対処を中心に、学級の

〝耕し〟から授業づくりへと向かう筋道が、さまざまなエピソードを交えて紹介されている。

この学級は一年のときから少数の特定の子どもにかき回され、他の子はその陰で息を潜めているような状態だった。二年になっても状況は変わらず、荒れた学級は子どもたちの生活と学習の場として成立していない。そんな現実を前にして、中野さんがまず「さしあたってしなければならない課題」として掲げた目標は次のようなものだった。

○全ての子どもが安心して過ごせる学級をつくること。
○担任が一人ひとりとしっかりつながること。
○勉強やその他の活動で「やればできる」という自信をつけてやること。
○学級全体で楽しく過ごす時間を毎日少しでもつくり、子どもたちどうしがお互いを認め合える関係にしていくこと。

こうした目標を一般論として掲げることは誰にもできることである。しかし中野さんのみごとさは、その目標をたんなる〝お題目〟に終わらせることなく、具体的な手立てによって確実に実現していったその工夫と実践力にある。朝の会や帰りの会の充実、お誕生日会、全員遊び、班遊びの工夫など「考えられることはなんでもやった」と中野さんは言う。

その一方、短期間で成果があらわれ自信につながる学習（国語の音読、視写、漢字、算数の計算練習）にも取り組ませ、まじめに努力している子のノートを紹介するなどして子どもたちを励ますこともした。教師による絵本の読み聞かせ、発表リレー、音読リレーなど、子どもと教師、子どもと子どものつながりをつくっていく配慮や努力もねばり強く続けている。

こうした、いわば〝耕し〟の仕事を地道に重ねながら、他方で中野さんはそれを意識的に授業に連環させていく努力も怠っていない。その積み上げによってやがて学級の空気が変わり、授業も変わってくる。一学期の「ザリガニ飼育」から二学期の「自然のなぞなぞを見つけよう」へと進む過程で、子どもたちは生き生きと動き出し、やがて腕白三人組も含めた子どもたちのなかに新たなつながりが形成されていくのである。

後半の「お手紙」の授業記録では、そうして築かれた関係のなかで国語教材「お手紙」と豊かに対面し、朗読をたのしみ、活発に交流し合う子どもたちの姿が描かれている。

菊次さんの場合もそうだったが、中野さんのこの実践でも一学期は学級の〝耕し〟に重点がおかれている。荒れ地に鍬を入れ、肥料を施して土づくりをするように、学級生活と学習訓練を通して子どもの意欲と力を引き出し、教師と子ども、子どもと子どもをつなぐ緻密な仕事が積み上げられていく。それは広い意味での生活指導的な要素を含んでいるが、それだけではない。中野さんが「四月からの、朝の会や、遊びや、ザリガニ飼育や、なぞなぞづくりの取り組みなどが今回の授業につながっていた」と言い、菊次さんが四、五月の「関係づくり」に続けて「六月は授業で勝負」すると書いているように、〝耕し〟はより本質的に、協同的・探究的な授業へ向けての基盤づくりとしての意味をもっているのである。

かつて斎藤喜博は、学級経営について触れた文章のなかで次のように述べたことがある。「久保田さんは、この子どもたちに対して、授業以外の場面でもさまざまの努力をし工夫をしている。……しかしそれらをふくめて久保田さんの記録の基本には、やはり授業のなかで、お互いに他と交流しながら、お互いの力を引き出していこう、そのためにクラスの集団もつくっていこうという考えがきちっと通っている。授業以外の記録のところも、よりよい授業をつくり出すための基礎作業になっているところが多い。

学級経営というものは、そういうものだと私は考える」（『斎藤喜博全集13』、三二三～三二四頁）

ここで斎藤が「よりよい授業をつくり出すための基礎作業」として意味づけた学級経営

は、私たちが言う〝耕し〟に通じるものだろう。〝耕し〟はそれ自体に意味があるとともに、質の高い授業に向けた〝耕し〟としての意味をももっている。〝耕し〟が授業の基盤をつくり、そして授業が〝耕し〟をより確かで豊かなものにする。〝耕し〟と授業とはこうして相互に連環し補い合って子どもの力を引き出し、育てていくのである。

三つ目の大嶋奈津子さんの記録では、二年生の生活科の実践が取り上げられている。子どもたちと地域の人々とのかかわりを、その「かかわり」「交流」の意味を問いながら追求し、その過程で子どもたち一人ひとりの「個の力」を育てることを意図しておこなわれた実践である。

地域の有力者や特別な知識・技能をもつ人々だけでなく、平凡な「埋もれた人々」との直(じか)のふれあいと密な交流こそが、かつて地域社会がもっていた「人と人とのつながり」を取り戻す。「生きる力」を育てるとはそういうことではないか。――それがこの数年、生活科や総合学習の経験を積み重ねてきた大嶋さんの結論だった。

だから、取材はグループでなく一人でなくてはならない。対象も子どもたち自身に探させ、一回きりでなくできるだけ多く交流の機会をもつことを要求する。さらに、発表会は

「一人発表」でおこなうこともあらかじめ言い含めておく。こうしたことを二年生の子どもたちに要求し、学年での取り組みとして実現させたところに、大嶋さんの実践の固有の意味があるだろう。

いうまでもなく、二年生でそうした取り組みを成立させるためには十分な配慮やお膳立てが必要になる。教師による事前調査。取材活動は家庭学習でおこなうこと。そのための保護者や取材先への連絡、趣旨説明、協力依頼、了解の取りつけは不可欠だ。一方、子どもの能力と保護者の支援態勢は多様である。だから個人差を埋め、すべての子を活動させるこまかい配慮が必要になってくる。そのためのミニミニ発表会、クイズづくりなどの工夫はいかにも二年生の子たちにふさわしく、たのしい。もちろん学年の教師の協力、連携ということが前提になる。

九十六名の子どもたちが選んだ学区の探検場所は五十二カ所にもなった。子どもたちと地域の人々とのさまざまなドラマが生まれる。「おねがい」の手紙を「どきどき」しながらやっと渡せた子。タオル工場のコンピューターで図柄を描く体験をさせてもらった子。「看板の色は何か意味があるのか」と質問してコンビニ店長をあわてさせた子。お母さんと一緒にうどん屋で三時間もねばって取材した子。探検先のなかには「おねがい」の手紙や「招待状」を店の表に張り出してくれた駄菓子屋もあった。

学習の成果は発表会当日のようすにもよくあらわれている。発表会には平日にもかかわらず保護者のほかに十七名の招待客が参加し、子どもたちの発表やクイズをたのしんでくれた。「子どもたちが真面目に一生懸命発表してくださる姿に感動し、感心させられました」「何十年ぶりかで本当に楽しかったです。お店のPRもしていただいてよかったです」「もっとがんばろうという気になりました」「子どもの発想の豊かさに驚きました」など、さまざまな感想も書き残してくれた。

パターン化し、マニュアル化した生活科の実践からは、こうした実り豊かな交流や生き生きとした子どもたちの姿は生まれない。その意味でも大嶋さんの次のような言葉はとくに重要だろう。

——教務主任から「探検場所の名簿を残しおいてください」と言われた。確かにそういうことも必要だ。ただ、この名簿をそのまま再び二年生で使うとしたら、仮にそれが私であっても、そのときは今回の実践に及ばないものになるだろう。——

——本当の意味での「地域の人とのつながり」というのは、地域の人がそれぞれの子どもに実際に出会い、子どもの素朴さに感動しなければ、簡単にはできないと思う。「地域が子どもを育てる」ことを求めている今、学校では生活科や総合的な学習を通して、本当の意味での地域の人とのつながりを持つような取り組みをしていかなくてはならないと思う。――

大嶋さんの実践はあらためて私たちに生活科や総合学習の意味と役割について考えさせてくれるが、他方でそれらを教育実践として活かすためには、一定の条件と、なみなみでない教師の努力や力量が必要なことをも示している。

松永明裕さんの実践は、四年生の体育を通して「子どもと本当の意味で出会い、子どもどうしをつなげて学級をつくり、そして鍛えていく」という願いのもとにおこなわれたものである。ここではとくに、問題を抱えた子で体育の苦手な子と正面から向き合い、彼らの意欲と力を引き出す仕事を中心に据えながら、すべての子を高め、学級を変えていくプロセスに焦点が当てられている。

新しく担任した四年生の学級で特別に目立った〝問題児〟が三人いた。極度に自己中心的で反抗的なIさん、肥満で不登校傾向のTくん、同じく肥満でストレスのかたまりのSくん。これらはいずれも「この三人を避けて学級づくりはありえない」という子たちである。

一学期、「壁倒立」への取り組みはこの三人を中心にしておこなわれた。彼らに寄り添い、その「内なる力」を信じて働きかける松永さんの仕事がねばり強く続けられる。まず、教師の指導に答えて熱心に練習に取り組んだSくんがその成果を示してみんなの拍手を受け、続いてIさんもTくんも関門を突破していく。そのプロセスはドラマに満ちたものであり、変容していく三人の姿は感動的である。

変わったのはその子たちだけではない。苦手な子が「できた」という事実に他の子たちも衝撃を受け、本気で課題に挑戦し取り組むようになっていく。この過程で友だちを見る目が変わり、人間関係も変わっていった。学級のなかに教え合い、学び合う空気が生まれ、教師と子どもの絆もより強く確かなものになっていく。

こうした変化を生み出した仕事の背後には、教師としての松永さんの二つの信念・思想があった。その一つは、結果の出来、不出来よりも目標に向かって誠実に努力する過程を重視するということであり、もう一つは、子どもたちの教え合い、学び合いを通してたえず相互に交流し、高め合う学級の人間関係をつくっていくという考え方である。そうした〈努力〉と〈相互交流〉を子どもたちに要求しつつ、他方で松永さんはそれらが確実に実を結びうるような教師としての教材研究や技術・方法の探求に精魂を傾けた。この記録で紹介されているスモールステップの工夫(「単独登攀のルート」の開拓)や「検定」などはその一例にすぎない。

二学期。松永さんは「壁倒立」の発展として「倒立前回り」に挑戦する。ここでも「とことん粘れるたくましさ」を育てることとともに、「互いに補助し合う」「よいところを見つけ合う」「改善点を教え合う」などの交流が重視された。「そのことを通して、他の教科の授業でもわからない子や間違えた子がみじめになったり、飲み込みの速い子が生意気になったりしないような、子どもたちの関係のより良いクラスをつくっていける」という松永さんの言葉は重要である。

ここでは一学期には登場しなかったNくんとYくんのことが取り上げられている。彼らはいわゆる〝問題児〟ではなく、むしろ優等生である。しかし技の出来・不出来より「真剣か手抜きか」が大事だと考える松永さんは、彼らの中途半端な立ち向かい方を見逃すことができず、自分の強引さを危ぶみながらもきびしい態度で迫るのである。そのことで、かえって松永さん自身が傷つき、教師としての自分を責める日が続くのだが、一方のNくん、Yくんは翌日から人が変わったように本気で練習に取り組むようになる。子どもを動かすのは結局のところ教師の誠意と願いの強さであることを、この事実は示している。「この子たちは、たまらなく魅力的なのだ。……子どもはみんな同じだ。一人残らず、もともとすばらしい力を兼ね備えており、自分の力を伸ばすことに対して実に誠実だった」「変わるべき、学ぶべきは、ぼく（＝教師）の方であった」という松永さんの言葉が滲み入るように響いてくるのは、こうした子どもたちの事実が背景にあるからだろう。

松永さんの記録を読みながら考えたことをさらに二つ、感想としてつけ加えておきたい。

一つは授業の「非日常」性ということと、その意味についてである。

授業は学校（教室）という特別な空間で、文化遺産を系統的に獲得するためにおこなわれる集団的な営みである。それは日常生活における学びとは異質な、独自で固有の文化的実践と言えるだろう。「壁倒立」や「倒立前回り」の学習の必然性は、けっして日常生活の文脈からは生まれてこない。しかし松永さんの実践が示すように、それらの学習は子どもの力を豊かに引き出し、学級の人間関係を変えていく確かな力をもっている。

「壁倒立」を突破し、遅れた子にアドバイスまでするようになったSくんが、帰りの会で「また友達が増えました」とほこらかに言う。それを聞いて松永さんは「真っ当な学びの世界こそが、まさにSくんのいきいきとできる世界だったのだと思った」と書いている。

授業という「非日常」的な営為を通して、子どもたちは自己の力に目覚め、友だちとつながっていく。授業という日常とは異なる時空に身を置くことで、教師も子どもも日常の延長ではない人間関係を取り結び、教え、学び、学び合う者として向かい合うことができるのである。そのことは記録の中の次の文章にも明瞭に示されている。

――子どもたちは口々に、「補助のペアがドキドキする」と言う。いろんな子と補助しあうのが楽しくなってきているのだ。補助者と演技者の気持ちもつながってきているのだと思った。「勉強なんだから」という学びの場の真っ当さが、子どもたちの人間関係のしがらみや、つまらない偏見を吹き飛ばしてしまったようだった。――

――Tくんは友達との強いつながりを通して、学びの本当の楽しさに触れるに至ったのではないだろうか。十二月から三学期いっぱい、Tくんは再びきちんと学校に通い始めたのだった。――

このように、「非日常」的実践としての授業は、「非日常」であるがゆえの可能性において子どもを育て、人間関係を変えていく。このことは、「実生活との乖離」や「学びの脱文脈化」の名のもとに展開されたかつての「学校知」批判の一面性を、あらためて私たちに教えてくれるものではないか。

もう一つ、授業がもつ治癒的実践としての意味についても触れておきたい。松永さんの実践において、体育の授業は〝問題児〟に対する治癒実践としての性格を担っている。そもそもの年度当初から、松永さんは「どのクラスであろうときっといる問題を抱えた子たちに対しても、体育の課題を突破させるということに取り組ませ、その子たちが力をつけ成長していく中でとことん向き合ってみたい」ということを目標の一つに掲げていた。このことはまずSくん、Tくんに対する特別な配慮や指導として実践され、さらにもっとも困難なIさんに対する向き合い方において正念場を迎える。そしてさまざまな試行錯誤を経たうえで、松永さんはやがて次のような確信に到達するのである。

――しかし、ぼくの様々な働きかけに対して、時々抵抗しながらも自分を立て直す内なる力を何度となく見せてくれたIさんは、「極度に自己中心的な考え方を持つ」普通の子なのだと考えてよさそうだった。この判断がもし正しければ、これは医者の仕事でなく教師の仕事である。力を尽くして、たとえわずかであろうともIさんの心を教育の力で開いてあげたいと思った。――

「医者の仕事でなく教師の仕事」「Iさんの心を教育の力で開いてあげたい」という松永さんの思いは、文化を介して子どもの可能性に深く働きかける営みとしての授業の本質把握から生まれている。教科の学習としての授業の意味はたんに「わかる、できる」だけを目的とするものではない。直接にはそのことを目指しながらも、授業はより深く、いわば文化的な治癒実践としての意味をも併せ持っている。知識・技能（文化遺産）の獲得を通して人間形成を目指す営みとしての授業は、こうして、困難を抱えた子どもたちにとっての文化的治癒実践としての意味を今後ますます強くもつことになるにちがいない。

最後の、伊藤真さんの「海の命」の授業記録は、この教材に立ち向かい続けてきた伊藤さんの四度目の挑戦の記録である。二年前の失敗の経験から学んでさらに教材解釈を重ね、教材の核心に迫る角度と筋道をとらえ直して、伊藤さんは再度「海の命」に挑んだのだった。

今回の授業では、「仇敵を倒すために長いあいだ漁師修行をしてきた太一が、クエを殺さなかったのはなぜなのか」、という一点に読みとりの照準が当てられている。この問いを追求することで、子どもたちは巨大なクエと対峙する太一の内面を共有し、太一とともに圧倒的な自然の力（海の命）と出会うことが可能になる、と伊藤さんは考えたのだった。

そうした課題に迫るために、伊藤さんは授業の戦略を大胆に単純化するとともに、二つの重要な布石を用意している。その一つは父を破った巨大な瀬の主のイメージを共有することであり、もう一つは、太一はクエを本当に「お父」と思ったわけではないということの確認である。これらは、授業のねらいと、展開を見通す教師の構想力に裏付けられたものであり、その背後にはいうまでもなく伊藤さんの教材解釈の積み上げがあった。

読みとりにあたって押さえておくべきその他のポイント（「伏線の押さえ」）は個人学習の形式で処理することにした。そこに伊藤さんの今回の授業での工夫がある。子どもの感想や疑問をもとにした学習プリントに従って、教師と個別に対応しながら子どもたち一人ひとりが自分で疑問を解決していく。こうした学習形態が成り立つためには、当然のことながら学級の〝耕し〟と学習訓練が必要になるだろう。しかし、それらに関する記述はここではいっさい省略されている。

授業の記録では、十時間余におよぶ授業のうちのクライマックスに当たる一時間が紹介されている。父を倒した巨大なクエを追い求めてきた太一がついに宿敵と遭遇するのだが、なぜか太一の心から殺意が消えていくという場面である。この場面を考えることが「海の命」という物語の核心に迫ることだということは、すでに子どもたちも了解していた。教室には授業開始前から静かな緊迫感が流れている。

「この場面のいったいどこで、太一のなかに殺さないという気持ちが生まれたのか？」との教師の問いで授業は始まる。この時間に臨む教師のねらいは明確であり、練り上げられた展開の筋書きや、考え抜かれた発問も事前に用意されていた。だが伊藤さん自身が誰よりもよく知っているように、実際の授業はけっして予定どおりには進まない。現実の授業はあくまでも子どもたちから出てきた思考や意見をもとにして展開するほかないからだ。授業は教師と子どもが互いの読みや思考をぶつけ合いながら、教材の核心に迫る共通のルートを探り出し、ともに作品の奥深くに分け入っていく探究の営みなのである。仇敵に対する太一の激しい殺意が、いったいどこで、なぜ失せてしまったのか。授業はこの一点をめぐって起伏に満ちたドラマのように展開していく。

この記録の各所には、物語の授業に対する伊藤さんの考えや構えが示されている。ここでそれらのいくつかを取り出して確認しておこう。

その一つは、そもそも「物語の授業が成立する」とはどういうことか、という基本的な問題についてである。「物語を読むということは内容を抽象的な言葉で説明することではない」と伊藤さんは考えている。だから大事なことは、太一の気持ちを説明させることでなく、いかにして太一の衝撃に肉迫させるのかということになる。子どもたちが太一と自分を重ねあわせるようにしてその心の動きをなぞっていける授業、そして教師も子どももも豊かにイメージや感情を共有できる授業――それが「物語の世界に入る授業」だと伊藤さんは考える。この記録を一貫してつらぬいているそうした考え方と方略に、私たちはまず注目しておかなくてはならない。

第二に、伊藤さんが自分の解釈を子どもたちに押しつけたり誘導したりすることのないよう、たえずこまやかな配慮をしていることも特徴的である。そこには「作品がすぐれているほど子どもは感じ取る」ものだという実感と、それを引き出し交流するのが授業なのだという伊藤さんの授業観がある。今回の授業で個人学習を大事にし、子どもたちのなかに深い読みが成立するのを助ける仕事に大半の精力を傾けたのもそのためだろう。また一義的な結論を出せない箇所では、子どもたちに向かって「正解はない」「自分の感覚を大事にしてほしい」とあえて語る配慮などにも、そのことは示されているだろう。

第三は、授業案（展開案）の考え方である。一斉授業では子どもたちの個々の読みとりを基礎にして、それらの交流、拡大、追求が目指される。この作業は教師の主導でおこなわれるが、それはあくまでも誘導や押しつけでなく、子どもの発言や思考を生かし発展させる作業でなくてはならない。そこで、用意した展開案を自在に変更してなおかつ方向性を見失わない教師の力量が必要になってくる。

授業案を「シナリオ」の感覚でとらえてはならないのである。「完璧な展開案など存在しない」と覚悟して「苦心惨憺」しながら子どもとともに創る授業を目指したい、と伊藤さんは考える。探究の営みとしての授業とはそういうものであり、だからこそ教師はその過程において新しい子どもや自分と出会う喜びを味わうことができるのだ。教師の「明確で深い解釈」もそのためにこそ要求されるのである。

物語の授業についての伊藤さんのこうした構えや考え方は、必ずしも伊藤さんに固有のものというわけではない。それらはすでに過去のすぐれた実践において示され、伊藤さんをふくめて私たちがたえず憧れ学び続けてきたものである。しかし、やってみればわかることだが、過去の実践から学ぶということはけっして簡単なことではない。その意味で、すぐれた実践に学びつつ、自分の仕方でそれを創造的に活かした伊藤さんのこの記録は貴重な意味をもつものといえるだろう。

最後に、伊藤さんの授業観ということではないが、記録の終わりの部分で伊藤さんが書いている「授業の持つ別の力」ということについても触れておきたい。

「海の命」の授業がおこなわれたころ、学級でハロウィーンパーティが企画された。伊藤さんは企画運営を全面的に子どもたち任せたのだが、集会は温かくたのしい雰囲気のなかで感動的におこなわれたという。そんな子どもたちの様子を紹介したあと、伊藤さんは次のように書いている。

——こうした学級の成長と、この授業との関係は実証的に説明できるものではない。しかし私は、経験的にこうした授業と学級の成長はつながっていると感じている。なぜなら、教師の私が全力でぶつかった授業に取り組むときかならず、同じような現象が学級に起こってきたからである。——

「海の命」の授業が「学級の成長につながっている」という伊藤さんの実感は、おそらく正しいものだろう。文化を介しての協同的・探究的な営みとしての授業は、子どもの心を拓き育てるだけでなく、学級の人間関係をも豊かに変えていくに違いないからである。先に松永さんの実践で述べた、授業がもつ文化的な治癒実践としてのはたらきもそこから生まれる。菊次さんの「縦糸と横糸」「一本一本の糸を強く育てていく」などの比喩に込められた思想と、授業に託す思いもそのことにつながっていよう。そしてこのことは、三人の授業に関してだけでなく、この本で紹介したすべての記録に共通して言えることでもある。

もちろん、授業が子どもを育て、学級を変えると言っても、それを実現していくことは容易なことではない。しかし私たちはいま、授業が本質としてもつそうした可能性をあらためて見つめ直し、しっかりと胸に刻んでおきたいと思う。そのことを抜きにした学校論や教育改革論議では、今日の困難な状況をけっして打開できないと思うからである。

箱石泰和（はこいし・やすかず）
1943年、小樽市に生まれる。東京大学教育学部、同大学院を経て、都留文科大学に勤務。現在、同大学教授。
著書に『教授学への出発』（一莖書房）、『写真記録・教育讃歌』（共著、一莖書房）、『授業＝子どもとともに探究する旅』（編著、教育出版）など。

授業＝子どもを拓き、つなぐもの

2007年３月20日　初版第１刷発行

編　者　箱石泰和
発行者　斎藤草子
発行所　一莖書房
〒173-0001　東京都板橋区本町 37-1
電話 03-3962-1354
FAX 03-3962-4310

組版／四月社　印刷・製本／モリモト印刷
ISBN978-4-87074-147-8　C0037